Kristin Perner-Dreyer

# Stottern verstehen

Ein Erklärungs- und Therapieansatz

Kristin Perner-Dreyer

# Stottern verstehen

Ein Erklärungs- und Therapieansatz

*ibidem*-Verlag
Stuttgart

**Bibliografische Information der Deutschen Nationalbibliothek**
Die Deutsche Nationalbibliothek verzeichnet diese Publikation in der Deutschen Nationalbibliografie; detaillierte bibliografische Daten sind im Internet über http://dnb.d-nb.de abrufbar.

**Bibliographic information published by the Deutsche Nationalbibliothek**
Die Deutsche Nationalbibliothek lists this publication in the Deutsche Nationalbibliografie; detailed bibliographic data are available in the Internet at http://dnb.d-nb.de.

∞

Gedruckt auf alterungsbeständigem, säurefreien Papier
Printed on acid-free paper

ISBN-13: 978-3-8382-0821-3

© *ibidem*-Verlag
Stuttgart 2015

# Inhaltsverzeichnis

# 1. Einleitung

„Besser schweigen und als Narr scheinen, als sprechen und jeden Zweifel beseitigen."

(Abraham Lincoln)

„Letzte Gelegenheit vor der Zeugniskonferenz. Jetzt noch mal guten Eindruck machen. Und die drohende vier in Französisch abwenden. Der Subjonctif ist dran. Susa K. kennt die Verbformen im Französischen ganz genau. Ist ihr Lieblingsfach. Sie erinnert sich an die schönen Sommer am Atlantik. Die MitschülerInnen quälen sich. Wie war das noch? ‚Il faut absolument que tu … fais? … fasse?' Keine weiß Antwort. Sie kennt sie. ‚Que tu fasses', ist doch klar. Dennoch wünscht sich Susa K. weit weg. Sie wird sich nicht melden, sie meidet den Blick des Lehrers. Nicht dass er auf die Idee kommt, sie auch noch aufzurufen. Zu spät. ‚Susa', ruft er. Das Herz schlägt wild, Achselzucken als Antwort. Jetzt sprechen, das hätte stottern bedeutet. Bloß nicht. Nicht schon wieder" (Rapp 2005).

Personen, die stottern, (wobei hier der Fokus auf erwachsenen Personen liegt) fühlen sich oft in einer Eigenwelt gefangen. Sie sind sich genau darüber im Klaren, was sie gerne sagen würden – aber oft kommt alles anders als gewollt. Stotternde sind sich dessen bewusst, dass sie in der Kommunikation mit ihrer Umwelt die Kontrolle über ihr Sprechen verlieren können. Nicht selten ist eine Isolation aus bestimmten gesellschaftlichen Aktivitäten die Folge. Die vorliegende Arbeit behandelt zunächst die Symptomatik, Ätiologie, Diagnose und sozialpsychologische Aspekte des Stotterns erwachsener Personen. Das Konzept der Integrativen Stottertherapie wird auf dasjenige von Bindel eingegrenzt. Im dritten Kapitel wird die fraktale Affektlogik vorgestellt und erklärt, wie Fühlen, Denken und Verhalten sich wechselseitig beeinflussen. Anschließend wird verdeutlicht, wie Gefühle allgemein und im spezifischen das Denken und Verhalten steuern. Basierend auf chaostheoretische Erkenntnisse wird die Bedeutung von affektiv-kognitiven „Schienen" entschlüsselt. Praktische Konsequenzen der Affektlogik für die Therapie runden diesen Teil ab. Abschließend wird die Integrative Therapie aus der Sicht der fraktalen Affektlogik dargestellt und erläutert welche Auswirkungen dies für die integrative Stottertherapie hat.

# 2. Stottern – eine Redeflussstörung?

King George VI: "Waiting for me to... commence a conversation, one ... can wait rather a long wait."[1]

Stottern ist innerhalb der Sprachheilpädagogik die am meisten erforschte, erprobte und kontrovers diskutierte Sprechstörung (Benecken, 2004, 625; Krause, 1981, 12). Dementsprechend existiert zwar eine Fülle an Definitionen, jedoch stößt bislang keine davon auf allgemeine Akzeptanz und daher sehr heterogene Therapieansätze. Aufgrund des komplexen und individuell divergierenden Störungsbildes herrscht eher Einigkeit darüber, dass es sich um ein Stotter*syndrom* handelt (Subellok & Katz-Bernstein 2012, 339). In der Sprachheilpädagogik wird Stottern, neben Poltern und Mutismus den Redeflussstörungen zugeordnet (Sandrieser & Schneider 2004, 5ff.). Tatsächlich sind die jeweiligen definitorischen Aussagen und Erklärungsansätze der Redeflussstörung von enormer Tragweite. Denn von ihnen hängt ab, aus welcher Perspektive man das Stottern betrachtet und welche daraus resultierende Haltung und Therapiekonzepte man gegenüber einer stotternden Person einnimmt.

Der erste Teil des Kapitels „Stottern" beschreibt zunächst die äußerlich wahrnehmbare Kern- und Begleitsymptomatik der Sprechstörung, die inneren Symptome und Auswirkungen auf Betroffene sowie die Ätiologie. Auf die Diagnose wird nicht im Detail eingegangen, sondern nur geschildert auf welche Bereiche besonders geachtet werden müssen. Im Anschluss werden sozialpsychologische Einflussfaktoren und begünstigende gesellschaftliche Bedingungen der Sprechstörung dargestellt. Im zweiten Teil des Kapitels wird die Integrative Stottertherapie nach Bindel (1987) vorgestellt. Zunächst wird das Phänomen Stottern als Dialogproblem aufgegriffen. Dabei wird konkret erläutert, welche Doppelbelastung sich für Stotternde Menschen aus den strukturellen und sprachlichen Herausforderungen des Dialogs ergibt und wie sich die äußere und innere Sprechsymptomatik des Stotterns entwickelt. Anschließend wird ein Überblick über die Grundkonzeption der Therapie gegeben und am Beispiel des Stotter-Camps der LUH skizziert, wie sich die Therapie umsetzen lässt.

---

[1] Aus dem Spielfilm „The King's Speech"

## 2.1. Grundlagen

Es erscheint zunächst naheliegend, die Störung anhand ihrer wahrnehmbaren Symptome zu beschreiben. Braun definiert wie folgt:

> „Stottern wird als Kommunikationsstörung mit überzufällig häufig auftretenden Unterbrechungen des Sprechablaufs bzw. Redeflusses charakterisiert, die plötzlich ungewollt und unbeherrschbar in Form von angespannten schnellrhythmischen Wiederholungen (Kloni = krampfartige Iterationen) von Lauten, Silben, Wörtern oder Satzteilen auffällig werden oder als gepreßte Stockungen vor einem Laut, einer Silbe, einem Wort oder Satz (Toni = krampfartige Blockaden) ein flüssiges Sprechen verhindern" (Braun 1999, 259f, Einschübe im Original).

Abgesehen von der Kernsymptomatik, den akustisch wahrnehmbaren Auffälligkeiten, hat der Betroffene jedoch einerseits mit einer Vielzahl an Begleiterscheinungen und andererseits mit verschiedenen und zum Teil sehr starken inneren Empfindungen und Anforderungen zu kämpfen. Hinzu kommen die gesellschaftlichen Bedingungen, die sowohl auslösend als auch störungsfördernd wirken können (vgl. Bindel 1987, 2). Es fällt jedoch auf, dass Braun nicht lediglich von einer Störung des Redeflusses spricht, sondern ganz deutlich auch von einer Kommunikationsstörung. Dass das Phänomen Stottern zumindest sekundär eine Störung der Kommunikation darstellt und somit häufig zu psychosozialen Belastungen führt, wird inzwischen von zahlreichen Forschern bestätigt (vgl. Benecken 2004, 633; Bindel 1987, 98; Motsch 1979, 134).

## 2.1.1. Beschreibung der Symptomatik

In Situationen der Unsicherheit, Müdigkeit, Verliebtheit, Angst oder emotionalen Anspannung sind die meisten Menschen unweigerlich schon mal im Redefluss gestockt. Unter solchen oder ähnlichen Bedingungen kann es beispielsweise zur Wiederholung mehrerer Wörter oder ganzer Satzteile kommen, um Zeit für die Ordnung der Gedanken zu gewinnen – z. B. „Ich möchte sagen.....Ich möchte sagen, dass..." (vgl. Motsch 1979, 138). Lautlose Unterbrechungen kommen in Form von länger andauernden ungefüllten Pausen vor. Für die Erzeugung von Spannung mögen sie zwar manchmal bewusst eingesetzt werden, für den Zuhörer wirken jedoch ungefüllte Pausen von länger als einer Sekunde irritierend und werden häufig als Fehler in der Sprechplanung gewertet. Allerdings werden diese Pausen häufig mit Flickwörtern oder -lauten, sogenannten Interjektionen gefüllt – z. B. „also", „eben", „äh" oder „hm". Obwohl beim ‚Normalsprecher' in der Spontansprache jede Menge an Unterbrechungen vorkommen, bleiben sie laut Sandrieser und Schneider doch *Funktionelle Unflüssigkeiten,* da sie zum Einen eine bestimmte Funktion innerhalb der Kommunikation erfüllen, der Informationsfluss an sich nicht unterbrochen ist und zum anderen die Unflüssigkeiten nach dem Wegfall des auslösenden Reizes wieder verschwinden.

Die stottertypischen Unflüssigkeiten, auch *symptomatische Unflüssigkeiten* genannt, treten meist an Stellen auf, an denen der Zuhörer keine Unterbrechung erwartet und erscheinen unfreiwillig. Die Sprachproduktion scheint für den Stotternden nicht mehr kontrollierbar (vgl. Sandrieser & Schneider 2004, 6f). Die „Redeflussstörung oder Sprechablaufstörung" des Stotterns zeichnet sich durch auffallend häufige Unterbrechungen im Redefluss aus. Die Sprachproduktion ist insofern gestört als der Betroffene unfähig ist, „die für die Umsetzung des sprachlichen Inhalts erforderlichen Artikulationsbewegungen fließend auszuführen" (Johannsen 2001, 151). Die markante *Kernsymptomatik* der Diagnose Stottern besteht in Wiederholungen, Dehnungen sowie völligen, teils krampfartigen Blockierungen von Teilwörtern, Silben oder Lauten (Ochsenkühn, Thiel, Ewerbeck 2010, 2). Der funktionelle Charakter, wie z. B. ein intendierter Zeitgewinn fehlt in diesen Fällen. Im Unterschied zu normalen Wiederholungen des alltäglichen spontanen Sprachgebrauchs äußern sich symptomatische Unflüssigkeiten daran, dass sie vorrangig kleinere Wortelemente, d.h. einzelne Silben und Laute betreffen. Typischerweise handelt es sich vorrangig um Satz- bzw. Wortanfänge (ka-ka-ka-kaufen oder Viiiiiiiii-ielen Dank). Abgesehen von den Wiederholungen (Iterationen) kann ein Laut sogar über mehrere Sekunden lang gedehnt werden. Aufgrund der anhaltenden Phonation ist zwar ein gewisser Redefluss gegeben, aber der Informationsfluss ist unterbrochen – z. B. „ssssssssag mir mmmmmal...". Durchschnittlich werden von einem Normalsprecher pro Sekunde fünf bis sechs Silben ausgesprochen. Werden dagegen Laute übermäßig gedehnt, wird so „der Rhythmus des Gesprochenen verändert und die Sprechgeschwindigkeit verringert (Sandrieser & Schneider 2004, 8; vgl. Bindel 1987, 4).

Die schwerwiegendsten Stottermomente stellen die Blockierungen bzw. Blocks dar. Bei diesen sowohl hörbaren oder auch stimmlosen, oft durch physische Anstrengung erzeugten „Verzögerungen der einsetzenden Phonation" am Anfang des Wortes „wird durch Verspannung der adduktorischen Sprechmuskulatur die Atmung, die Artikulation und die Phonation abgestoppt" (Bindel 1987, 99). Die Stimmlippen bleiben verschlossen, sodass kein Ausströmen der Luft mehr möglich ist. Blockierungen sind entweder für den Gesprächspartner unbemerkt und von kurzer Dauer oder aber offensichtlich und über mehrere Sekunden andauernd. Der Betroffene wird vor dem Ausspruch eines Wortes von einer Blockade erfasst oder aber ein begonnenes Wort wird unterbrochen und die Sprechmuskulatur bleibt unkontrollierbar (vgl. Sandrieser & Schneider 2004, 8)

Neben der Kernsymptomatik haben stotternde Personen mit einer Vielzahl an *Begleiterscheinungen* zu kämpfen, die sich auf verschiedenen Ebenen bemerkbar machen. Jedes Stottern zeigt seinen individuellen Verlauf und somit sind die Begleiterscheinungen äußerst vielfältig und werden je nach Person und Schweregrad unterschiedlich wahrgenommen. Diese entstehen aus dem verzweifelten Wunsch heraus, den eigenen Sprechprozess zu bewältigen. Diese unbewussten Bewältigungsreaktionen gelten als Begleitsymptome. Im Folgenden werden einige häufig auftretenden Merkmale aufgezählt: Auf der Ebene der Emotionen können sich Versagensängste, Sprechängste, mangelndes Selbstwertgefühl, Frustration und psychische Anspannung abzeichnen – und häufig über jahrelange Erfahrungen (meist seit dem Kindesalter) verfestigen. Im (Sozial-) Verhalten zeigen sich die automatisierten Reaktionen durch einen Rückzug aus Situationen, in denen der Betroffenen selbst sprechen muss sowie u.a. im verminderten Blickkontakt (vgl. Hansen 2004, 60). Ebenso ist das Sprechverhalten betroffen. Die Lautstärke und Tonhöhe können durch die vermehrte Anspannung steigen die Sprechatmung verändert sich, oder es wird einfach geschwiegen (Ochsenkühn, Thiel & Ewerbeck, 2010, 7). Auf der sprachlichen Ebene offenbaren sich die Begleiterscheinungen im vorbereiteten Ersetzen gefürchteter Wörter und im Abbruch und Umstellen des Satzes in letzter Sekunde. Betrachtet man die motorischen Abläufe während des Stotterns, werden physische Anspannungen in Form von Gestik, Mimik sowie Bewegungen der Extremitäten sichtbar. Oftmals bleiben auf vegetativer Ebene den Betroffenen Schweißausbrüche und Erröten nicht erspart. Festzuhalten sei bis hierhin, dass die inneren Momente des Stotterns, inklusive des Störungsbewusstseins, der Ängste, der sozialen Abgrenzung beim Betroffenen ein Gefühl der Gefahr und des Bedrohtseins hervorbringen (vgl. Braun 1999, 260), welches, wie noch ausführlicher diskutiert wird, einerseits die psychosomatische Befindlichkeit beeinflusst und andererseits erneute Stottermomente auszulösen vermag.

## 2.1.2 Diagnostik

"Stuttering is what you do trying not to stutter again."
( Dr. Wendell Johnson)

Um einen Überblick in die Diagnostik zu gewähren, werden drei Bereiche skizziert, die bei der Diagnose des Stotterns von Jugendlichen und jungen Erwachsenen untersucht werden sollten. Die Ergebnisse der überprüften Bereiche geben einen umfassenden Einblick in die individuelle Stottersymptomatik sowie den psychoreaktiven Verhaltensweisen eines Betroffenen und schaffen die Voraussetzung für die Aufstellung eines individuellen Therapieplans.

Der erste Bereich besteht aus der Erfassung der Stottersymptomatik selbst. Dazu gehören sowohl die Quantität als auch die Qualität der Unflüssigkeiten (vgl. Sandrieser und Schneider 2004). Dabei sollte man beachten, dass die zu untersuchenden Sprachproben vorrangig der Spontansprache entnommen werden sollten, da sie – im Gegensatz zu z.B. vorgelesenen Texten – das grundlegende Zusammenspiel von Inhalten, Grammatik, Wortschatz und Artikulation zusammenführen. Die Art der Beschreibung und Auswertung des Kommunikationsverhaltens von erhobenen Spontansprachproben entscheiden zudem über die weitere therapeutische Vorgehensweise. Mit Hilfe von Audio- oder vorzugsweise Videodokumentationen können einerseits sowohl die nonverbale Ebene als auch möglichst repräsentative Sprechproben erfasst und andererseits ausführliche und reproduzierbare Auswertungen vorgenommen werden (Ochsenkühn, Thiel, Ewerbeck 2010, 64). Damit eine Sprechprobe eine möglichst hohe Aussagekraft besitzt, sollte sie mindestens 300 Silben haben. Grundsätzlich gilt jedoch: Je länger die Sprechprobe, desto zuverlässiger sind die Untersuchungsergebnisse. Im „Stottercamp" der Leibniz Universität Hannover für Jugendliche und junge Erwachsene (vgl. Kap. 2.2.2.1.1) werden in der Diagnostik Ausschnitte aus einem videodokumentierten, halbstandardisierten Interview transkribiert und mittels zweier standardisierter und normierter Verfahren analysiert. (vgl. Aachener Analyse unflüssigen Sprechens, AAUS, Schneider und Züchner 2003; Sandrieser & Schneider 2004, 67).

Zur quantitativen Bestimmung des Stotterns wird die Sprechprobe dahingehend überprüft, wie viele Wörter oder Silben pro 100 Silben wiederholt oder gedehnt werden – sowohl die Anzahl der Iterationen als auch die Blockaden und deren Dauer werden erfasst. (ebd., 7ff.) Die Ergebnisse des SSI-3 (Zang 2010, 7) ermitteln den jeweiligen Schweregrad des Stotterns. Um eine präzise Darstellung der individuellen Problematik zu erlangen, sollte ein Befund alle relevanten Aspekte detailliert und übersichtlich beschreiben. Neben der eben vorgestellten, eher zeitaufwendigen Methode, gibt es auch Verfahren, die simultan zur Sprechsituation die Stottereignisse zählen. Der Zeitaufwand ist zwar wesentlich geringer, allerdings bedarf es für die adäquate Ausführung dieser Vorgehensweise einerseits eines speziellen Trainings und andererseits werden die Stottermomente überwiegend quantitativ erfasst. (vgl. Ochsenkühn, Thiel & Ewerbeck 2010, 85).

Im zweiten Bereich sind die psychischen Reaktionen des Betroffenen Gegenstand der Diagnostik. Mit Hilfe von Fragebögen wird ergründet, welche Einstellung der Stotternde zum Sprechen hat, beispielsweise ob oder in welchen Situationen und in welchem Ausmaß z.B. Scham und Schuldgefühle bewusst eine Rolle spielen. Außerdem wird erfragt, welche subjektive Wahrnehmung der Betreffende bezüglich der eigenen Fähigkeiten zur sprachlichen Kommunikation hat und mit welchen Gefühlen er auf sein eigenes Stottern reagiert. Ferner muss angegeben werden, wie derjenige zu bestimmten Gesprächspartnern seines Umfeldes eingestellt ist. Unverzichtbar für eine differenzierte Ermittlung der psychischen Reaktionen sind die Auskünfte darüber, welche Vermeidungsstrategien sich als Gegenwirkung zu der emotionalen Verunsicherung des Betroffenen ergeben haben. Die Information darüber, wie jemand mit seinem Stottern umgeht ermöglicht es dem Therapeuten, Risikofaktoren abzuschätzen und in die Therapie mit einzubeziehen (vgl. Sandrieser & Schneider 2004, 61ff.; Der Fragebogen, der jeweils vor und nach der zweiwöchigen Intensivtherapie des „Stottercamps" durchgeführt wird, findet sich im Anhang.).

Der dritte Teil der diagnostischen Arbeit analysiert die Risikofaktoren aus der Perspektive des Stotternden. Zum einen wird festgestellt, welche verbale und non-verbale kommunikative Fähigkeiten beim Stotternden vorhanden sind und welche fehlen. Zum anderen werden diejenigen Risiken der Umgebungsfaktoren ermittelt, die das Sprechverhalten negativ beeinflussen. Der Aufschluss dieser Untersuchungen weist auf „interne oder externe auslösende und aufrechterhaltende Faktoren hin" (Sandrieser & Schneider 2004, 60ff;)

Zusammenfassend kann gesagt werden, dass jedes Stottern individuell verläuft und somit auch mit einer aufgeschlossenen, personenbezogenen Haltung diagnostiziert werden sollte – d.h. dass der Therapeut bei der Auswertung der Ergebnisse den individuellen Schweregrad eines Stotternden ermitteln sollte. Für den Erfolg und die prioritär gestaffelte Herangehensweise in der daraus resultierenden Therapie ist das subjektive Störungsbewusstsein ein enorm wichtiger Faktor. Es könnte z. B. bei einer Person lediglich ein leichtes Stottern diagnostiziert worden sein. Ihre psychischen Reaktionen und die Reaktionen aus ihrem Umfeld wirken sich jedoch in solchem Ausmaß belastend auf die betreffende Person aus, dass mehr als nur ihr Sprechen beeinträchtigt ist (vgl. Ochsenkühn, Thiel Ewerbeck 2010, 84ff.). Für eine reliable Erfassung der Symptomatik des Stotterns sollte demnach das vollständige kommunikative Verhalten, inklusive seiner Bedingungen und emotiven Rückwirkungen, untersucht werden (vgl. Krause 1981, 64).

### 2.1.3 Ätiologie des Stotterns

> "This view holds that any human problem is,
> in many important ways, a disorder of thinking."
> (Manning)

Auf genauen Ursachen für die Redeflussstörung Stottern konnte man sich bislang nicht allgemeingültig einigen. Bis vor ungefähr 20 Jahren bestanden die Erklärungsansätze der Forscher darin, kontrovers zu belegen, dass die Ursache der Störung entweder somatogen oder psychogen sei. In den letzten 20-30 Jahren jedoch hat sich eine interdisziplinäre Herangehensweise etabliert, die das Stottern nicht auf eine allgemeingültige Ursache reduziert, sondern die Möglichkeit mehrere Perspektiven zulässt und primär eine individuelle Anamnese der Störung in direkter Auseinandersetzung mit der betroffenen Person selbst voraussetzt. Beispielsweise war man in der Humangenetik bis heute nicht in der Lage, ein Chromosom zu entdecken, dass eindeutig für das Stottern verantwortlich sei. Neueste Forschungsergebnisse zeigen, dass es möglicherweise Chromosome gibt, die als Dispositionsorte der Störung in Frage kämen (Suresh in Ochsenkühn, Thiel Ewerbeck 2010, 25f.). Familienanamnesen und Studien aus der Zwillingsforschung lassen erkennen, dass Stottern familiär gehäuft auftritt – was auf eine erbliche Komponente schließen lässt. Der Begriff der „Disposition für das Stottern" ist mittlerweile etabliert. Er bedeutet, dass die Anlage zum Stottern vererbt wird und sich unter verschiedenen begünstigenden Bedingungen entwickeln kann.  Aktuelle neurowissenschaftliche Forschungen (z.B. Lorenz 2008, 14, 15) belegen, dass bei stotternden Menschen Gehirnregionen aktiv, bzw. inaktiv sind, die bei nicht Stotternden anders auftreten. Allerdings besteht bislang noch keine Klarheit darüber, ob die Mehraktivierungen aufgrund von Kompensationsmustern in Erscheinung treten oder ob es sich um tatsächlich eine Verarbeitungsstörung zwischen der Sprechplanung  und des automatisierten Sprechablaufs handelt; m.a.W. ob die hier beobachteten Phänomene Ursache oder Wirkung darstellen. Daher ist es unerlässlich, die persönliche multifaktorielle Entstehungsgeschichte des Betroffenen zu untersuchen. Eine „monokausale Betrachtungsweise" ist aus wissenschaftlicher Sicht nicht sinnvoll (ebd., 20ff.; vgl. Fiedler 1993, 6). Ein Organdefekt kann als Ursache für das Stottern ausgeschlossen werden, da die Betroffen durchaus im Stande sind, flüssig zu reden (vgl. Bindel 1987, 2).

In der Regel beginnt das Stottern in der frühen Kindheit (3-5 Lebensjahr), wobei das Geschlechterverhältnis relativ ausgewogen ist. Die Rate einer spontanen Remission liegt bei Kindern zwischen 50% und 70% wobei die Rate bei Mädchen sehr viel höher als bei Jungen ist. Bei ca. 1,3% der Kinder wird das Stottern chronisch, sodass 1% (800.000 Menschen[2]) der erwachsenen Bevölkerung in Deutschland an der Redeflussstörung leidet (vgl. ebd.; Benecken 2004, 624; Sandrieser und Schneider 2004, 18). Schulze und Johannsen entwickelten ein Faktorenmodell zur Entstehung des Stotterns. Demzufolge sind beim Kleinkind erst die disponierenden Faktoren vorhanden. Im Alter zwischen 3 und 4 Jahren kommen auslösende Faktoren hinzu und wenn die Störung noch andauert, kommen zwischen dem 6. und 18. Lebensjahr noch aufrechterhaltende Faktoren hinzu. An dieser Stelle sei erwähnt, dass eine Vertiefung des Modells den Rahmen dieser Arbeit sprengen würde (vgl. Schulze & Johannsen 1986, 57ff.). Den dargestellten Entwicklungsverlauf nennt man *idiopathisches Stottern*. In dieser Arbeit wird es um das Stottern von Jugendlichen und Erwachsenen gehen, deren Störung idiopathisch ist. Außerdem ist sie von folgenden Ursachen der Störung deutlich abzugrenzen:

Abgesehen von dieser Entwicklung kann das Stottern außerdem nach einem Schädel-Hirntrauma, einem traumatischen Erlebnis oder als Komorbidität einer neurologischen Erkrankung auftreten. Menschen mit einer geistigen Behinderung, hauptsächlich bei Morbus Down, können ebenfalls eine stotternde Redeunflüssigkeit aufweisen (vgl. ebd.; Bloodstein 1995, 260).

## 2.1.4 Sozialpsychologische Aspekte des Stotterns

„Zeige mir wie du sprichst, und ich sage dir, wer du bist."
(Iven 2009, 15)

„Im Alltag ist das anders. Erst letzten Freitag waren in ihrer Clique heftige Diskussionen über die Klassenfahrt im Gange. Ihre Meinung hat keiner mitbekommen.

---

[2]  Zahlenangaben der Bundesvereinigung Stottern & Selbsthilfe eV (http://www.bvss.de) wobei die Zahl der Betroffenen weltweit offensichtlich auch bei 1% der Bevölkerung liegt.

Wie auch? Sprechen überlässt sie den anderen. Macht eher mal ganz kurze Bemerkungen. Außer wenn sie mit ihrer Freundin alleine ist. Da verflüssigt sich das Stottern. Wenn sie doch mal hängen bleibt, ist es beiden egal. Ihre Freundin versteht nicht, warum sie sich in der Schule so zurückhält. 'Mensch, das kann dir doch egal sein, wenn die lachen, die sind doch sowieso komplett daneben'. Die hat gut reden" (Rapp 2005).

Reaktionen der umschriebenen Art gehören für die Betroffen zum Alltag. Die am häufigsten vorkommende Reaktion der Gesprächspartner besteht, wenn auch nur innerlich, im Lachen. Benecken arbeitet heraus, dass das Stottern dem „Paradigma der Komik" (Benecken 2004, 625) insoweit entspräche, als dass eine Person mit erheblichem Aufwand versuche, etwas zustande zu bringen, was selbst ein Kind mühelos meistert. Er vergleicht die gesellschaftliche Begegnung mit einem Stotternden mit der Beobachtung eines unbeholfenen Clowns und dem erfolglosen Versuch eines Betrunkenen, seine Wohnungstür aufzuschließen. Diese eher unfreiwillige entstehende Situationskomik wird ebenso in und durch Witze über das Stottern bestätigt[3]. Der Zuhörer stellt sich einerseits durch die Nachahmung der Stottermomente die Situation vor und wird andererseits zusätzlich durch neu entstehende Wortbildungen in seiner Phantasie angeregt – z.B. ‚Pi-Pi-Pistole oder ka-ka-kann' (vgl. ebd., 626). Die Tatsache, dass leichte Stottersymptome in alltäglichen Überforderungs- oder Schreckmomenten bei der betroffenen Person hauptsächlich negativ bewertete Gefühle, wie Scham, hervorrufen, mag erklären, warum Stotternden identische negativ empfinden.

> „Das Stottern wird ähnlich wie das Erröten als etwas Entblößendes wahrgenommen. Fragt man danach, was denn durch das Stottersymptom entblößt und offenbart wird, so sind dies eben genau die psychologischen Zustände wie Angst, Unsicherheit, Verlegenheit und Unaufrichtigkeit" (Benecken 2004, 626).

Dadurch, dass Personen mit einer Redeflussstörung in Momenten der Unterbrechung Einblick in ihre emotionalen Befindlichkeiten gewähren und die Sprachprosodie und Mimik von der eigentlichen Aussage abweicht, gerät die Kommunikation insofern aus dem Gleichgewicht, als die Konversation leicht von der Sachenebene auf die Selbstoffenbarungs- und Beziehungs-

---

[3] wie: „Der kürzeste Stotterwitz: 'Vovovorsicht! Sch-sch-sch...schon reingetreten.' – interessanter Weise der Webseite der Stotterer-Selbsthilfe entnommen (www.stotternbw.de/?Stotterwitze:Witze_aus_der_Stotterer-Selbsthilfe)

ebene gleitet (vgl. Schulz von Thun 1981, 13). Nicht selten tritt beim Zuhörer der Impuls auf, die unangenehme Situation einfach zu ignorieren, welches oftmals die Peinlichkeit verstärkt (Benecken 2004, 627). Erschwerend kommt noch hinzu, dass man in einer kommunikationsorientierten Gesellschaft häufig nach dem Ausmaß seiner Sprachbeherrschung bewertet wird. „Unsere Art zu sprechen zeigt den Zuhörern nicht nur, woher wir kommen und zu welcher Gesellschaft wir gehören, sondern auch ‚wessen Geistes Kind‘ wir sind" (Iven 2009, 15). Wer redegewandt ist und in einer Diskussion keine Schwächen zeigt, wird für klug gehalten. Jemand mit einer Lese-Rechtschreibschwäche beispielsweise wird für lernschwach gehalten und einem Stotternden wird mangelnde Intelligenz und Selbstsicherheit zugeschrieben (vgl. ebd.).

Die Beeinträchtigung Stottern wird daher oft unterschätzt. Sie betrifft die Sprachkompetenz – eine hohe Funktion, die in ihrem Stellenwert gleich nach Intelligenz und noch vor Fortbewegungsfähigkeit kommt (vgl. Benecken 2004, 627). Demnach wird ein Rollstuhlfahrer eher integriert als jemand der stottert. „Je höher die betroffene Funktion, desto schwieriger ist die Integration" (Benecken 2004, 627). Irritierend für den Zuhörer ist zudem, dass die Störung punktuell eintritt und die Ursachen nicht bekannt sind. So kommt es nicht selten dazu, dass den Betroffenen eine Mitschuld an ihrer Beeinträchtigung vorgeworfen und sowohl Ärzte als auch Lehrer fälschlicherweise kein Stottersyndrom hinter einer offensichtlichen Redeunflüssigkeit vermuten. Die Sprachbeeinträchtigung wird daher wegen der individuell ausgeprägten Vermeidungsstrategien und nicht zuletzt wegen der Tabuisierung der Thematik wenig ernst genommen. Möglicherweise bietet dieser Aspekt eine Erklärung dafür, dass Eltern davor zurückschrecken, Eingliederungshilfe zu beantragen mit der eine Teilleistungsstörung anerkannt werden könnte. Der ständige Zwiespalt zwischen einem „Darüber hinweg sehen" und der offenen Thematisierung, die die Symptome schließlich verschärfen könnte, hat zu einer diagnostischen Erfassung von gerade mal 5% aller stotternden Kinder geführt, die sonderpädagogisch behandelt wurden. Der größte Teil der Kinder hat sich ohne professionelle Unterstützung durch die Schulzeit geschlagen[4]. Dementsprechend schwerwiegend wird die Schulzeit von den Betroffenen retrospektiv beurteilt und erhöht die Wahrscheinlichkeit einer Chronifizierung. Aus soziologischer Sicht bedarf ein weiterer Faktor der Aufmerksamkeit: Die eindeutige Männerlastigkeit der Störung im Erwachsenenalter von 5:1[5]. Nach Keese (1972 in Benecken 2004, 627) sind Stottern und Männlichkeit inkompatibel, weil nach der traditionellen Rollenerwartung „ein Mann ein Wort" stotternde Männer weniger ernst genommen werden.

Die oben zugeschriebenen Eigenschaften einer stotternden Person tragen das Potential, dass die Betroffenen im Alltag, wenn auch unbewusst, als psychopathologisch beeinträchtigte Person wahrgenommen werden, ähnlich wie eine Gehbehinderung auf eine Körperbehinderung schließen lässt (vgl. Benecken 2004, 627). Unterstützt wird dieses Phänomen durch die Darstellung der Störung in den Medien. Ob in Zeichentrickfilmen oder Spielfilmen wird der Stotternde als dümmlich, tollpatschig oder als „Psychopath" abgestempelt (vgl. Johnson 2008, 250ff.[6]). In der amerikanischen Originalversion stottert Schweinchen Dick – und laut Johnson werden zwar andere körperliche Beeinträchtigungen zunehmend positiv dargestellt (TV-Serie „Dr House" mit Gehbehinderung), aber in der Mehrzahl verbleiben stotternde Schurken und Anti-Helden (Johnson 2008, 258).

Gegen dieses öffentlich erzeugte ‚Bild' erfolgreich anzugehen ist wohl schwer möglich. Zuschauer übernehmen das dargestellte Bild, antizipieren es sogar und übernehmen Stereotype in ihre alltägliche Wahrnehmung: Die gezeichneten Bilder können sich zum ‚Selbstbild' entwickeln. „Das Stottern und der Stotterer werden also psychisch diskreditiert" (ebd., 627; vgl. Goffman in Benecken 2004, 624). Stottern kann folglich als Stigma bezeichnet werden. Die daraus resultierenden Folgen in Form von erschwerten Identi-

---

4   Dies erklärt vielleicht auch die Notwendigkeit einer Webseite wie „http://stutteringiscool.com" von Daniele Rossi seit 2007 und explizit für Kinder – „cool" hier offensichtlich in der Bedeutung „Es ist ok wenn Du stotterst" (und nicht „Stottern ist gut").
5   wie oben erwähnt besteht bei Mädchen eine enorm hohe Remissionsrate
6   vgl. auch http://www.jugend-infoseite-stottern.de/stottern_in_film_und_fernsehen.html: neben vier Charakteren aus Blockbustern („der Böse" von Bibi Blocksberg bis zu Harry Potter) gibt es nur in der deutschen TV-Serie „Lindenstraße" einen stotternden Charakter mit postiver Rolle.

tätsprozessen sowie die ausgeprägte Vermeidungs- und Bekämpfungshaltung eines jeden einzelnen beanspruchen den Stotternden wesentlich mehr als die Beeinträchtigung selbst. Sämtliche kommunikative Handlungen werden somit beeinflusst (vgl. Krause 1981, 38). Die Eigenschaften, die Stotternden zugeschrieben werden, führen dazu, dass sie als Persönlichkeit nicht mehr differenziert wahrgenommen werden nachdem ihre Sprechauffälligkeiten sie „geoutet" haben. Es bleibt somit nicht aus, dass sie eine verteidigende Haltung entwickeln – oder frustriert resignieren. Die gesellschaftlichen Vorurteile stotternden Menschen gegenüber spiegeln sich in der „Wahrnehmung stotternder Erwachsener während Blockierungen" wider, die Heisel, Beckers und Schmidt untersucht haben. Sie fanden heraus, dass die Probanden Aufforderungen, Vorwürfe und Ratschläge in Form von inneren Stimmen wahrnahmen (nicht zu verwechseln mit den Stimmen in einer Psychose) (Heisel, Beckers & Schmidt 1993, 107ff.).

Bindel (1987) arbeitete heraus, dass sozialpsychologische Aspekte bereits bei der Entwicklung des Stotterns in der Kindheit eine massive Rolle spielen. Er erklärt, dass besonders in der dialogischen Auseinandersetzung eine stark empfundene, belastende Erwartungshaltung beim Kind entsteht und sich in dem Bemühen, korrekt sprechen zu wollen, ein Störungsverhalten entwickeln kann (Bindel 1987, 88ff.).

Das nachfolgende Zitat soll die grundlegenden Ausführungen zum Thema Stottern abrunden:

> „Ehrlich gesagt, Stottern ist genug, mehr als genug; die Beklemmungen, die Frustrationen, die Ängste, die das Leben vieler Stotterer beherrschen, sind mehr als ausreichend, Gefühle des Unglücklichseins hervorzurufen. Die Störung durchdringt ihren gesamten Lebensraum, ihre gesamte Zeit des Wachens – und manche stottern selbst in ihren Träumen. Die scheinbare Zwangsläufigkeit der Stottereignisse erschüttert die Integrität der Persönlichkeit. Alle zwischenmenschlichen Beziehungen werden durch das Stottern gefärbt. Um in einer hochgradig kommunikativen Welt zu existieren, sind die Stotterer fast gezwungen, Verteidigungsmauern aufzubauen, um sich vor einer Überwältigung zu schützen. Der zufällige Betrachter, aber auch der unerfahrene Sprechtherapeut kann kaum verstehen, wie das Stottern das Leben dieser Menschen beherrscht." (van Riper 1999, 13 [sic!] in Bitsch 2007, 1)

## 2.2 Die Integrative Stottertherapie

Lionel Logue: What was your earliest memory?
King George VI: I'm not... here to discuss... personal matters.
Lionel Logue: Why are you here then?
King George VI: Because I bloody well stammer![7]

Aufgrund der vielschichtigen Primär- und Sekundärsymptome des Stotterns, welche die psychodynamische Entwicklung des Betroffenen (innere Symptome) stark beeinflusst und zum Teil auch bestimmte Lebensbereiche reglementiert, sollte eine effektive Therapie sich nicht lediglich auf eine flüssige Sprechweise konzentrieren. Kleinste Sprechunflüssigkeiten könnten sich nach einer solch einseitigen Vorgehensweise beim Stotternden wieder einschleichen und innere Symptome auslösen – womit der Teufelskreis erneut in Gang gesetzt werden würde. Ein erfolgreicher Therapieansatz für Jugendliche und Erwachsene berücksichtigt sowohl die Tatsache, dass Symptome und Ängste bereits eng miteinander in Wechselwirkung stehen als auch die Individualität des Stotterausmaßes, einschließlich des subjektiven Störungsbewusstseins. Aufklärungsarbeit, Beziehungsgestaltung sowie das Erlernen eines eigenen Kommunikationsstils gehören selbstverständlich zu einer Stottertherapie dazu. Die integrative Stottertherapie vereint daher die Behandlung der unterschiedlichen Schwierigkeitsbereiche des Stotterns (vgl. Bossardt 2008, 38, 44; Bindel 1987, 98).

Stottern tritt nur auf, wenn andere Personen anwesend sind, stellt daher offensichtlich ein psychosoziales Problem dar. Daher wird im Folgenden dargestellt, welchen Anforderungen eine stotternde Person in einer Dialogsituation ausgesetzt ist und welche Probleme es zu bewältigen gilt. Ferner wird hervorgehoben, wie sich die Symptome hierarchisch entwickeln. Im darauffolgenden Kapitel wird benannt welche Therapiebausteine Bindel (1987) aus diesen Erkenntnisse ableitet. Am Beispiel des von Bindel initiierten Stottercamps der Leibniz Universität Hannover (LUH) wird herausgearbeitet welche Therapieinhalte für eine effiziente Behandlung stotternder Jugendlicher und Erwachsener erforderlich sind.

---

[7] Aus dem Spielfilm „The King's Speech"

## 2.2.1 Stottern als Dialogproblem

„Sprache ist das wichtigste Medium sozialer Interaktion. Absichten und Meinungen werden vorwiegend sprachlich zum Ausdruck gebracht, und mit Hilfe der Sprache wird versucht, Denken und Verhalten Anderer zu beeinflussen."
(Keese 1999, 24)

Wenn zwei oder mehrere Personen sich in einer Gesprächssituation befinden, laufen auf verschiedenen Ebenen Prozesse ab, die es spontan zu steuern gilt. Stottersymptome ereignen sich hauptsächlich in der Spontansprache und werden durch den Versuch hervorgerufen, diese beharrlich zu vermeiden. Dabei geschieht häufig das Gegenteil: Das Sprechen wird durch unkontrollierbare Handlungen unterbrochen, abhängig von interpersonellen Beziehungen und zusätzlichen Belastungen in Form von Erregungszuständen und Ängsten. Im Folgenden wird erläutert, welche syntaktischen und kommunikativen Hürden es innerhalb einer sozialen Situation des Dialogs zu überwinden gilt und welche Belastung sich daraus für den Stotternden ergeben (vgl. Bindel 1987, 67; Krause 1981, 214).

### 2.2.1.1 Dialogische Struktur und Sprechstörung

Learn well your grammar, / And never stammer, /
Write well and neatly, / And sing soft sweetly, /
Drink tea, not coffee; / Never eat toffy. /
Eat bread with butter. / Once more don't stutter.
(Lewis Carroll[8])

Sprechunregelmäßigkeiten kommen bei Normalsprechern und stotternden Personen vor. Die natürlichste Form der syntaktischen Strukturierung ist die einleitend erwähnte ungefüllte Sprechpause. Mit Ersatzlauten gefüllte Pausen oder Sprechfehler kommen in der Regel vor, wenn diese Leerzeiten vermieden werden sollen. Im Unterschied zu Normalsprechen, die sich innerhalb eines Satzes wieder fangen und selbst korrigieren, unterliegt der Stotternde seinen erfolglosen Versuchen sein Sprechen zu kontrollieren (vgl. ebd., 68). Denn: „Je mehr man es verdeckt, und versucht das Stottern zu vermeiden, umso stärker stottert man" (Sheehan 1978, 17).

---

[8] Der bekannte Schriftsteller Lewis Carroll (1832-1898) litt Zeit seines Lebens unter seinem Stottern (vgl. Woolf 2011, 73, 214).

Jeder Dialog ist sowohl komplexen Planungen und Regelungen als auch Spontaneität unterworfen. Zunächst muss die inhaltliche Aussage einer Botschaft mit den interpersonellen Beziehungen der Gesprächspartner koordiniert und anschließend oftmals binnen kürzester Zeit verbal ausgedrückt werden. Ein Dialog entspricht sozialem Handeln um mit vielschichtigen Ausdrucksmöglichkeiten beim Gegenüber etwas zu bewirken. Das heißt, dass innerhalb des Dialogs stetig überprüft wird, welchen inhaltlichen Kenntnisstand der Gegenüber hat, welche Bewusstseinsvorgänge man bei ihm antizipiert (vgl. Henne 2001, 273f.), in welcher Beziehung man zu ihm steht und auf seine Rückmeldung unmittelbar zu reagieren. In einem psycholinguistisches Modell von Jaffe, Anderson & Stern (2014) wird der Verlauf des Dialogs inklusive seiner nonverbal ablaufenden Prozesse aufgezeichnet. (Selbstverständlich stellt die Kommunikationsanalyse einen eigenen Forschungsbereich dar – die für diese Arbeit relevanten Bereiche werden vereinfacht dargestellt).

Auf der ersten Ebene, der dialogischen Grundbeziehung, wird entschieden, ob überhaupt ein Dialog zustande kommt und unter welchen „Dominanz- und Affektbeziehungen er ablaufen soll" (Bindel 1987, 68). Tatsächlich kann man die Qualität eines Gedankenaustausches daran erkennen, wieviel Beachtung der Aussagen des Dialogpartners gewidmet wird. Im optimalsten Fall intendieren die Gesprächspartner sich gegenseitig zu verstehen und sind bereit, aktiv zuzuhören sowie eigene Ansichten gegebenenfalls zu modifizieren. Problematisch wird die Unterhaltung, besonders für den Stotternden, wenn der Gegenüber entweder nur einen Teil seiner Mitteilung beachtet, um sie für seine Argumentation zu nutzen oder die Äußerungen komplett  ignoriert und mit seiner Rede monologisierend fortfährt und vielleicht sogar den Stotternden unterbricht. In dem Fall ist die Befürchtung berechtigt, nicht erhört zu werden oder Fehlinterpretationen von begonnenen Äußerungen korrigieren zu müssen.

Den dialogischen Rhythmus regelt die zweite Ebene. Gewöhnlich findet in den Sprechpausen ein Sprecherwechsel statt. Die angebotene Pause signalisiert, dass der andere an der Reihe ist und somit das Gespräch ausgewogen und in Bezug auf das vorher Gesagte ausgerichtet werden kann. Geschieht dies nicht einvernehmlich, sondern wird die Rede vom gegenüber unterbrochen, gerät man berechtigterweise unter Druck, seinen Beitrag möglichst zeitnah loszuwerden bevor dieser eventuell an Relevanz verliert.

Auf der Ebene der semantischen und syntaktischen Expression läuft eine mentale Strukturierung dessen ab, was geäußert werden soll und wie es endlich formuliert werden kann. Die Komplexität im spontanen Dialog besteht dabei darin, dass man aufgrund des Feedbacks, der nonverbalen Signale der Zustimmung oder der Ablehnung des Zuhörers während des gesamten Dialogs auf eine Modifizierung seiner Aussagen eingestellt sein muss. Darüber hinaus gilt es auf semantischer und syntaktischer Ebene, bestimmte soziolinguistische Kommunikationsregeln einzuhalten: Der eigene Kommentar sollte auf jeden Fall für den Zuhörer von Interesse sein, von angemessener Länge, relevant und nachvollziehbar (Grice, 1975, 45f). Hierbei muss abgewogen werden, ob der Zuhörer noch aufmerksam oder eher gelangweilt scheint. Außerdem sollte der Sprecher in der Lage sein, beispielsweise anhand möglicher Schlagwörter seines Dialogpartners, sein vorhandenes Vorwissen einzuschätzen und seine Aussage dahingehend auszurichten – im Übrigen finden sich auch in ungestörter Kommunikation Unterbrechungen und Sprechübernahmen, sobald die Aussage interpretiert wird. Bei Gesprächspartnern mit Sprechstörungen hat dies wie erwähnt ein hohes fehlinterpretatorisches Potential (vgl. Schwitalla 2001, 898f.). Damit andere der eigenen Argumentation ohne Probleme folgen können, muss sich der Gedankengang vom Allgemeinen zum Spezifischen entwickeln. Nonverbale Elemente wie Mimik, Gestik und Körperhaltung tragen ferner zu einer abwechslungsreichen Rede bei.

Auf der Ebene der Phonation werden die Äußerungen akustisch ausgesteuert. Dazu gehören u.a. Phonation und Artikulation. Durch Variation in Lautstärke können ergänzend Akzentuierungen vorgenommen werden. Ebenso wirksam wird die Sprechgeschwindigkeit eingesetzt, um der Rede Ausdruck zu verleihen. Neben der bereits erwähnten Körperhaltung und Mimik, geben diese „extraverbalen" Kommunikationsformen auch Aufschluss über die innere Haltung des Redenden gegenüber dem Zuhörer. Zudem bestimmen sie den Sprecheinsatz, vermitteln Emotionen und signalisiert Gefühls- und Machtbeziehungen. Zweifellos läuft ein Dialog nicht immer vollkommen flüssig und ohne Missverständnisse ab – die es nichtsdestotrotz zu vermeiden gilt. Für Personen mit einem Stottersyndrom ist dieser hohe Anspruch verständlicherweise enorm belastend, vor allem, wenn von Seiten des Dialogpartners kein Wohlwollen zu spüren ist oder Missgunst aufgrund von z.B. Erfahrungswerten unterstellt wird (vgl. Bindel 1987, 68ff.).

Faktisch ist die *Dialogische Sprechbelastung* in dreifacher Hinsicht eine enorme Beanspruchung. Erstens stellt die spontane Rede dahingehend den höchsten Anspruch an eine stotternde Person, als dass sie sich nicht vollständig auf ihre Redebeiträge vorbereiten kann, sondern diese sowohl inhaltlich als auch syntaktisch permanent neu strukturieren muss. Bei einem ausgeprägten Vermeidungsverhalten bestimmter Wörter oder Anlaute kann der Betroffene unvermittelt in eine Überforderungssituation geraten (vgl. Bindel 1987, 69ff.; Wendlandt 2009, 3f.). Zweitens verstärkt das Gefühl der Überbelastung die Planungs- und Sprechstörungen. Tatsächlich funktionieren Körper, Denken und Emotionen als eine Einheit und sind „durch komplizierte neuronale Netzwerke eng miteinander verflochten [...]" (Hannaford 2001, 58). Folglich wirkt sich der immense Zustand der Überforderung auf den gesamten Organismus aus, sodass sich der Stotternde zusätzlich zu der erhöhten geistigen Anforderung mit beeinträchtigenden emotionalen Erregungszuständen konfrontiert sieht. Drittens ist die subjektive Einschätzung der eigenen kommunikativen Fähigkeiten, und somit der Gesprächsbeitrag selbst, abhängig von der interpersonellen Beziehung. Letztendlich geben die nonverbalen und körperlichen Signale des Zuhörers zum Einen Aufschluss über dessen Haltung gegenüber dem Sprecher und zum Anderen verraten die seine Körperaktivitäten seine Dialogbereitschaft. Von Sprechstörungen beeinträchtigt und damit beschäftigt, die verschiedenen Kommunikationsbereiche (sprachlich, meta-sprachlich, physisch) unter Kontrolle zu behalten vermindert zwangsweise das Potential, sich vollständig mit allen Sinnen auf den Gesprächspartner und den Inhalt einzulassen.

## 2.2.1.2 Die Entwicklung der Sprechsymptome des Stotterns

Da der Ursprung der Sprachstörung zufolge der großen Mehrheit der Studien in der Kindheit liegt, soll an dieser Stelle mittels eines Modells von Bindel eruiert werden, wie die Stottersymptomatik sich hierarchisch zu entwickeln scheint. Da mit fortschreitender Dauer der Problematik die Symptome zunehmend schwieriger zu beheben sind, ist für das therapeutische Vorgehen essentiell zu erkennen, in welchem Stadium sich der Betreffende zu einem gegebenen Zeitpunkt gerade befindet.

Für ein Kind, das sich in jeglicher Beziehung in der Entwicklung befindet, bedeuten die in einem Dialog zu bewältigenden geistigen, emotionalen und interpersonellen Regulierungsansprüche oft eine unüberwindbare Herausforderung. Ist ein Kind derartig überfordert, gerät es in einen Geschwindigkeits-Genauigkeitskonflikt. Mit anderen Worten, es muss blitzartig entscheiden, ob es sich entweder mehr Zeit lässt oder aber die Sprachleistung fehlerhaft wird. In der Regel entscheiden sich Kinder zu Lasten der Genauigkeit für die Geschwindigkeit. Die strukturelle Leerzeit bleibt aus, und/oder sie wird durch *Silbenwiederholungen* gefüllt (vgl. Lyons & Briggs 1971 in Bindel 1987, 76).

Dieser Prozess beginnt mit einer quantitativen Häufung ‚normaler Sprechfehler'. Das vermehrte Auftreten der Wiederholungen lässt sich entwicklungspsychologisch begründen. In Situationen, die an die Grenze des eigenen Stressempfindens reichen, greift man auf Bekanntes zurück. Für ein stotterndes Kind, das sich in einer Gesprächssituation hochgradig gestresst fühlt, kann das bedeuten, auf die bewährte Strategie der Wort- und Silbenwiederholungen zurückzugreifen. Lediglich nicht zu sprechen würde eine Sprechpause nur unangenehm in die Länge ziehen. „Silbenwiederholungen entsprechen hingegen den Kommunikationsimpuls" (Bindel 1987, 77). Vorschulkinder tendieren eher zu Wiederholungen als ältere Kinder. Sie sind in ihrer Aufmerksamkeitsfähigkeit noch eingeschränkter und werden durch ihre Sprechfehler überrollt, welches wiederum erschwerend auf die Sprechbedingungen auswirkt. Allmählich entsteht ein Bewusstsein für die Störung und das Bemühen um korrektes Sprechen intensiviert sich. Kinder ab dem neunten Lebensjahr zeigen in ihren Redebeiträgen häufiger leere Pausen, neu angefangene Sätze und Interjektionen. Das Störungsbewusstsein bewirkt eine Doppelbelastung: Die ständigen mentalen Umstrukturierungen innerhalb eines Dialogs drehen sich einerseits darum, welche Satzstruktur den Inhalt der eigenen Aussage am besten wiedergibt und andererseits auch aus der Sicht des Stotternden eine reale Chance besitzt, fehlerfrei formuliert zu werden. Die Furcht vor dem Kontrollverlust ist permanent vorhanden. Angesichts bisheriger Sprecherfahrungen fühlt sich eine stotternde Person stets der Befürchtung ausgesetzt, unterbrochen zu werden – von der Angst vor negativer Bewertung ganz abgesehen. Dementsprechend signalisiert das Füllen der Sprechpausen den Gewinn von Zeit und gleichzeitig den Wunsch weiterzureden (vgl. Bindel 1987, 76ff.).

Neben dem inneren Zustand des stotternden Kindes erlebt es des Öfteren – entweder intuitiv oder offensichtlich –, dass Personen in dessen Umfeld die Sprechfehler korrigiert haben möchten. Das Sprechen mit massiven Silbenwiederholungen ist folglich als beunruhigend oder gar peinlich anzusehen. Diese inneren und vor allem äußeren Ansprüche erzwingen die Unterdrückung der Wiederholungen. Dadurch verändert sich die Qualität der Stottersymptomatik. Die beharrlichen, zwanghaften Versuche, Wiederholungen zu vermeiden, gehen mit muskulären Verspannungen einher, um die Wortanfänge besser steuern zu können. Die Wortanfange beginnen zu blockieren und die Neustrukturierung wird in einer Verspannung verbracht. Dem wohlwollenden Zuhörer, der die Merkmale deutlich sieht, bzw. hört, wird zu verstehen gegeben, dass der Sprecher seine Ausführungen noch nicht beendet habe. Die zuhörende Person reagiert mit einem toleranteren Sprecheinsatz und übernimmt teilweise die verspannte Atmung (vgl. Krause 1981 in Bindel 1987, 78). Kurz gesagt: Kinder blockieren am Wortanfang umso mehr, als der Dialogpartner ein ‚korrektes' Sprechen verlangt. Diese Blockierungen entwickeln sich zu sprechmotorischen Automatismen und haben zur Konsequenz, dass sie eine spasmische Bewegungsfolge auslösen (vgl. Bloodstein & Shogan 1972 in Bindel 1987, 78).

Ohne Zweifel sind die unkontrollierten Verspannungen während einer Blockierung für den Betroffenen in jeglicher Hinsicht äußerst belastend. Daher wird erneut der wortwörtlich krampfhafte Versuch unternommen, die Blockierung zu bekämpfen. Erneut ereignet sich gerade das, wogegen der Stotternde verzweifelt angegangen ist, und zwar in einem noch schlimmeren Ausmaß. Die Verspannungen betreffen nunmehr alle Sprechmuskeln und es zeichnen sich allmählich individuell ausgeprägte Blockierungskonfigurationen ab. Bei einer Blockierung von entsprechend langer Dauer fällt es zunehmend schwerer, den richtigen Artikulationspunkt zum Weitersprechen zu finden und der Bezug zum Wortanfang geht verloren (vgl. Sheehan in Bindel 1987, 79). Naturgemäß gilt es solche schwerwiegenden Sprechschwierigkeiten zu verbergen, indem man sie gänzlich zu vermeiden versucht. Am häufigsten wird versucht, Wörter mit einem stottergefährdeten Anfangsbuchstaben komplett zu ersetzen. Blockierungsvermeidungen können je nach Persönlichkeit jedoch sehr unterschiedlich aussehen. Wenn schwere Blockierungen den Redefluss beeinträchtigen, sind überwiegend auch *Koartikulationssymptome* vorhanden, d.h. die ganze Sprechweise ist entweder angespannt, von hoher Geschwindigkeit oder von geringer Intonation (vgl. ebd.).

### 2.2.1.3 Die inneren Symptome

Die Entwicklung der Stottersymptome scheint durch eine Vielzahl an Ängsten bedingt, die aus der tatsächlichen Reaktion der Umwelt, aus der in Medien und Umfeld vorherrschenden stigmatisierten Sichtweise des Stotterns oder/und einer unterstellten Bewertung durch den Rezipienten entstammt. Die Ausweglosigkeit der Betroffenen wird mit einem Blick auf die Vielschichtigkeit der verschiedenen Ängste explizit. An dieser Stelle erwähnt Bosshardt ausdrücklich, dass die Angst als solche nicht allein verantwortlich für die Symptombildung sei. Es ist vielfach nachwiesen worden, dass Stotternde in ihrer Persönlichkeit nicht ängstlicher sind als andere. Außerdem erleben die Betroffenen durchaus Phasen des flüssigen Sprechens – Stottern tritt gehäuft in speziellen sozialen Kontexten und bestimmten Kontakten auf (vgl. Bosshardt 2008, 13).

Man spricht vielmehr von einer Kumulation der Ängste, die jeweils aus dem Stadium der Stotterentwicklung resultiert. Die Angst vor der ungewollten

Sprechpause bedingt die Sprechfehler. Die Angst vor Sprechfehlern bedingt Symptomverlagerungen und Vermeidungsverhalten. Allein die Angst vor einer Blockierung kann eine solche auslösen. Der vehemente Wunsch, sprachlich unauffällig zu sein, bewirkt, dass Stotternde sich in einem nie endenden Teufelskreis sehen. Denn die inneren Befürchtungen verstärken die Sprechfehler, welche wiederum neue Ängste und antizipierte Sprechschwierigkeiten hervorrufen. (vgl. ebd.; Bindel 1987, 82).

Erwartungen wirken in engem Zusammenhang mit den erlebten Erfahrungen (vgl. Damasio 1994, 112f.) und beeinflussen das Handeln, in diesem Fall die Sprechhandlung und -bereitschaft. Präventive Maßnahmen aus der Erwartungshaltung heraus, wieder stottern zu müssen, soziale Befürchtungen sowie negative Einstellungen zu den eigenen Sprechfähigkeiten provozieren wiederholt akustische oder körperliche Auffälligkeiten beim Sprechen.

## 2.2.2 Die Grundkonzeption der Therapie

Die Therapie nach Rolf Bindel zielt darauf ab, gemeinsam mit dem Patienten die Rückarbeitung der Symptome zielbewusst zu erreichen. Bei einem ausgeprägten Störungsbild existiert, wie bereits erläutert, oftmals ein intensives Handlungsmuster von Blockierungsvermeidungen und – verlagerungen, das längst Teil der sozialen Interaktionsstrategie geworden ist. Verantwortlich für diese Strategien ist das Gefühl von Scham und Ohnmacht, welches durch unkontrollierbare Blockierungen ausgelöst wird. Daher werden diese als erstes versucht abzubauen. Gleichzeitig wird an der Reduzierung der Antizipation sowie an der Verminderung der äußeren und inneren Dialogansprüche gearbeitet.

Die integrative Stotter-Therapie zeichnet sich durch eine profunde Analyse des Ausmaßes der Störung sowie eine auf das Individuum zugeschnittene Therapie aus. Es wird ausdrücklich Wert darauf gelegt, dass die Patienten keine neue Sprechweise einüben, sondern Bewältigungsstrategien erlernen, die ihnen behilflich sind, mit dem eigenen Stottern umzugehen, sodass die erlernten Methoden auch später in ihrem häuslichen Alltag eingesetzt werden können – ein Aneignungsprozess von Eigenverantwortung und Selbstwertgefühl (vgl. Bindel 1987, 91ff.).

Wie diese Ziele im Rahmen der Team-Gruppentherapie (TGT) nach Prof. Dr. Walter Rolf Bindel umgesetzt werden können wird am Beispiel des Stotter-Camps des Instituts für Sonderpädagogik an der Leibniz Universität Hannover nachfolgend beschrieben.

### 2.2.2.1 Das Stotter-Camp der Leibniz Universität Hannover

> „Nicht was wir erleben, sondern wie wir empfinden, was wir erleben, macht unser Schicksal aus."
> (Marie von Ebner Eschenbach)

Das seit 2000 jährlich stattfindende Sommercamp der Leibniz Universität Hannover ist eine zehntägige mehrdimensionale Intensivtherapie für stotternde Jugendliche und junge Erwachsene. Drei erfahrene Sprachtherapeuten, Studierende, Tutoren, leitende Pädagogen und ein Diplompsychologe stehen für die Therapie zehn Tage zur Verfügung und verbringen ihre Freizeit gemeinsam mit den ca. 12 - 15 Klienten.

Die Therapie von Rolf Bindel gründet sich auf den Ansatz des Stotterns als dialogische Fehlentwicklung und wird im Camp von ihm selbst geleitet. In Einzelsitzungen mit ihm und erfahrenen Sprachtherapeuten wird ein persönlicher Therapieplan aufgestellt und therapiebegleitend modifiziert. Die Therapeuten sind verantwortlich für das therapeutische Angebot und sorgen dafür, dass ausreichende Kommunikationsprozesse in Gang gesetzt werden. Gegenseitige Supervision sind ebenfalls Bestandteil des Konzepts (vgl. Miosga 2010, 10ff.; Bindel et al. 1996, 164; vgl. Bindel et al. 1996, 156ff).

> „Die zentralen therapierelevanten Merkmale der Gruppenheterogenität, der Ermöglichung positiver Kommunikationserfahrungen sowie der Supervision des Therapeutenteams finden sich in den Verfahren der gemischten Gruppen und ihrer Rotation [Team-Gruppen-Therapie] (TGT) wieder" (Miosga 2010, 13)

Jeder Vor- und Nachmittagsblock wird jeweils mit einer Therapieeinheit in der Großgruppe mit allen Teilnehmern und Pädagogen eingeleitet, bei denen Prof. Bindel das Thema des Tages erläutert und anhand anschaulicher Übungen ausführen lässt. Der Hauptbestandteil der therapeutischen Maßnahmen findet in verschiedenen methodenreichen Kleingruppen stationsartig statt. Abends können sich die Teilnehmer an Theater- Workshops beteiligen oder an der Memostation ihr Verhalten während der Therapie reflektieren und bewährte Strategien für die Zeit nach dem Camp dokumentieren.

Im Folgenden werden die fünf Bausteine der zehntägigen Intensivtherapie aufgeführt:


### 1. Diagnose und Datenerhebung für die Evaluation

Jeder Teilnehmer füllt jeweils vor und nach dem Camp einen Fragebogen aus. Außerdem wird mit jedem Teilnehmer zu Beginn und nach Ablauf des Camps ein ca. 20-minütiges halbstrukturiertes Interview durchgeführt, das der befragten Person genügend Raum für eigene Erläuterungen lässt. Die Stottersymptomatik wird qualitativ und quantitativ mittels standardisierter Verfahren ausgewertet. Für die Evaluation der Selbst- und Fremdwahrnehmung, der inneren Symptome und des Umgangs mit dem Stottern werden die Vorher/Nachher-Interviews transkribiert und qualitativ analysiert. Diese Art der Datenerhebung mit biographischem Ansatz hat vor allem eine hohe Aussagekraft für die Erfassung der Selbstwahrnehmung des eigenen Stotterns. Die qualitative Analyse der Interviews basiert auf dem biopsychosozialen Modell der Internationalen Klassifikation der Funktionsfähigkeit, Behinderung und Gesundheit („International Classification of Functioning, Disability and Health" - ICF). Der grundsätzliche Gedanke der ICF besteht darin, dass eine ausschließlich medizinische, symptomorientierte Betrachtung (Schweregrad des Stotterns) der menschlichen Verfassung durch eine Untersuchung der Funktionsfähigkeiten einer Person unter Berücksichtigung ihrer aktuellen Lebenssituation und der Einflüsse innerhalb ihres Umfelds erweitert werden sollte. Es wird geraten, den Bereich der Körperfunktionen (Stottersymptomatik), der personenbezogenen Faktoren (Entstehungsbedingende und aufrechterhaltende Merkmale) und der Umweltfaktoren (Reaktionen der Umwelt auf das Stottern) mit einzubeziehen. Durch die ICF-basierte Analyse wird die individuelle Funktionsfähigkeit hinsichtlich der Partizipation und Teilhabe an gesellschaftlichen Aktivitäten gemessen. „Mit der ICF können die bio-psycho-sozialen Aspekte von Krankheitsfolgen unter Berücksichtigung der Kontextfaktoren systematisch erfasst werden"(http://www.dimdi.de/static/de/klassi/icf/; vgl. Ochsenkühn, Thiel & Ewerbeck 2010, 36; Romonath 2012, 324). Folglich zeigt der Vergleich der Interviews zu Beginn und am Ende des Camps, ob und inwiefern sich die subjektive Bewertung des Stotterns und die Bewältigungsstrategien des Teilnehmers durch die integrative Stottertherapie verändert haben.

## 2. Abbau der Wortanfangsblockierung

Zu Beginn der Therapie wird am *Abbau der Wortanfangsblockierungen* gearbeitet. Im „blockierten" Moment selbst verspannen sich die adduktorischen Sprechmuskeln und stoppen somit Atmung, Artikulation und Phonation ab. Durch eine Abspannung der Kontraktionen bleiben Atmung, Artikulation und Phonation im Fluss. Die drei wesentlichen Artikulationsorte zur Produktion verschiedener Laute finden im Rachen, im Gaumenbereich und im Lippenbereich statt. Je nachdem welcher Laut gefährdet ist, müssen die entsprechenden Muskelpartien gelockert werden. Währen der Durchführung der einzelnen Schritte hören sich die Laute nicht rein oder gar unverständlich an. Das Sprechen ohne reflexhafte Blockierung hat in diesem Fall oberste Priorität. Denn durch beharrliches Praktizieren der Spannungsauflösung – erst recht im freien Sprechen – können die Teilnehmer die bislang unkontrollierten Reflexe verlieren. Intention dieser Spannungsauflösung am Wortanfang ist, im Gegensatz zur Einübung einer veränderten Sprechweise, die Fähigkeit zur eigenen Korrektur der Wortanfangsblockierung, um dann verständlich und unblockiert weiterzusprechen. Der Teilnehmer kann es selbst steuern. Neben der inneren Korrektur sind nach Miles & Evarts (1979 in Bindel 1987, 100) drei äußere Prinzipien für die Heilung maßgebend. Erstens müssen in enger Zusammenarbeit mit den Anweisungen des Therapeuten und dem Feedback der anderen Teilnehmer die neuen Bewegungen deutlich von den bisherigen zu unterscheiden sein. Zweitens sollten Übungen in verlangsamter Form stattfinden, damit der Stotternde eine eventuelle Abweichung selber wahrnehmen kann. Ein klares, bewusstes Verstehen der eigenen Stotternmechanismen ist unabdingbar. Dazu gehört ebenso eine ausführliche Aufklärung der Symptomentwicklung, der dialogischen Schwierigkeiten sowie der sozialpsychologischen Auswirkungen der Störung. Drittens wird der Erfolg der Spannungsauflösung durch positive Rückmeldungen des Therapeuten aber auch der anderen Camp-Teilnehmer zusätzlich unterstützt. Von Bedeutung ist dabei weniger die Anerkennung einer „richtigen" Sprechweise als das Würdigen der spannungsauflösenden Korrektur.

### 3. Abbau der Blockierungsverlagerung und –vermeidung.

Der nächste Therapieschritt besteht im *Abbau der Blockierungsverlagerung und –vermeidung.* Die erreichte Spannungsauflösung und die daraus gewonnene Selbstsicherheit bietet die grundlegende Voraussetzung, alte Strategien abzulegen. Daher werden in Kleingruppen spielerisch und mit theaterpädagogischen Elementen verschiedene Techniken zur Konfrontation der gefürchteten Laute eingeübt. Die Devise lautet: „In die Blockierung hineingehen." Das Aufgeben von langjährig eingeprägten Vermeidungsstrategien ist mühsam und kann erste Rückschläge in der Verspannung bewirken. Das ist jedoch Teil der Entwicklung und Grundvoraussetzung für eine langfristige selbständige Korrektur. Die Haltung der Pädagogen im Camp ist dabei nicht unerheblich, denn sie signalisieren, dass das Stottern erlaubt sei und keinesfalls Versagen bedeute. In manchen Übungen wird sogar gefordert, das eigene Stottern zu imitieren. Dadurch verändert sich häufig die negative Einstellung zum eigenen Stottern und wird als weniger belastend empfunden. Für eine flüssige Sprechweise ist neben den Verspannungen auch der bewusste Umgang mit der Atmung von entscheidender Bedeutung. Erst wenn der Stotternde beispielsweise bemerkt, dass seine Atemtechnik und seine Sprecheinsätze nicht kompatibel sind, kann er die Atmung für sich nutzen und sein Reden entspannter strukturieren. Mit zunehmender Entspannung kann auch die Bauchatmung eingesetzt werden.

### 4. Dialogische Restrukturierung

Die erhöhte Anforderung des Sommercamps besteht darin, dass die dialogische Fehlentwicklung in der Interaktion mit vielen anderen Personen sofort umgesetzt werden muss. An zwei Tagen werden die Teilnehmer darüber hinaus mit der Therapie „in vivo" konfrontiert. Sie bekommen die Aufgabe, in Begleitung eines Pädagogen fremde Menschen in der Innenstadt anzusprechen und in einem Geschäft ihrer Wahl ein ausführliches Verkaufsgespräch zu führen.

Die emotionale Herausforderung der „in-vivo"-Übung ist immens, wenn man bedenkt, dass das Sprechen unter dialogischen Anforderungen mit fremden Menschen eine extreme Belastung bedeutet. Die Teilnehmer müssen das anwenden, was sie in der Gruppe und für sich selbst erarbeitet haben um dadurch Denken, Atmen und Intonation einheitlich aufeinander abzustimmen: Sich Zeit für die Planung der Aussage zu lassen, keine Verspannungen zuzulassen und die Ausatmung nicht zu verlängern. Zusätzlich muss das interpersonelle Timing (Turn-Taking) zwischen neuen Gesprächspartnern immer wieder neu eingespielt werden.

Die eng in Wechselwirkung zueinander stehenden Faktoren des flüssigen Sprechens und der *emotionalen Erregung* werden im Stottercamp mit jedem Teilnehmer genau analysiert. Aufgrund der Tatsache, dass die verschiedenen Ängste und Antizipationen in Reaktion auf die Unterbrechungen stattfinden, liegt der Fokus zu Anfang hauptsächlich auf dem Abbau der Wortanfangsblockierungen. Die Erregung kann also mit einem beginnenden Maß an Selbstvertrauen vermindert werden. Hat ein Teilnehmer das erreicht, ist der Weg, aus dem Teufelskreis auszubrechen gebahnt. Je nach individuellem Schwerpunkt können die Teilnehmer zunehmend erfahren, wie der emotionalen Druck reduziert wird, wenn sie sich Zeit lassen, auf ihre Atmung zu achten und ihren Muskeltonus zu kontrollieren.

> „Abbau des Stotterns unter Erregung ist eine schwierige Aufgabenstellung, da unwillkürlich Stottererregungsmuster aktiviert werden. Völlige Affektlosigkeit ist im Alltag nicht möglich, und hierin liegen auch die Grenzen aller personorientierten Maßnahmen zur sozialen ‚Abhärtung'." (Bindel 1987, 108).

Primär besteht die Notwendigkeit für die Teilnehmer ihre inneren und äußeren Ansprüche an eine vollkommen fehlerfreie Sprechweise zu reduzieren. Unregelmäßigkeiten und die hörbare Erregung in der Stimme sollen unbedingt zugelassen werden. Nur mit einer Haltung der „Nicht-Vermeidung" (vgl. Wendland 2009, 26,32) können muskuläre Verspannungen gelöst werden. Um in der Folge Sprechkorrekturen ohne Scham vornehmen zu können, ist jedoch darüber hinaus eine veränderte Einstellung zu Gefühlen der Angst unabdingbar. Die individuelle Erfarhung soll helfen, kognitive Leistungen trotz eines ausgewogenen Maßes an Befürchtungen zu vollbringen und selbstbewusst den Sprechbeitrag fortzusetzen (vgl. Nakao 1979, 156ff; Bindel 1987, 108; Kap.4).

## 5. Die Dialogisch-Soziale Reorientierung

Hier geht es darum, die Gefühle Angst, Scham, Panik und Machtlosigkeit in Zusammenhang mit dem eigenen Körperempfinden zu setzen. Der bewusste Einsatz von räumlicher Nähe und Distanz sowie mimischer und gestischer Zuwendung zum Dialogpartner soll als wirkungsvolles Kommunikationshilfsmittel erfahren und geprobt werden. Auf experimentelle Art und Weise können die Teilnehmer erleben, wie es möglich ist, die Aufmerksamkeit des Gegenübers durch den Gebrauch von Körpersprache zu halten[9]. Außerdem erfahren die Teilnehmer bei verändertem Körpertonus sowohl eine variationsreiche Modulation als auch eine deutliche Verbesserung ihrer eigenen Ausdruckskraft und –fähigkeit. Ferner werden durch den Einsatz von medien-, und theaterpädagogischen Elementen eine souveränere Selbstdarstellung in der sozialen Interaktion und eine Verringerung der dialogischen Unsicherheit erzielt.

Zusammenfassend kann gesagt werden, dass die Therapie sowohl direkte Ansätze zur Verbesserung des Sprechverhaltens als auch indirekte Methoden integriert. Letztere haben einen größeren Anteil und befähigen die Teilnehmer ihr Stottern zu akzeptieren und durch eigene Bewältigungsstrategien sich in der Interaktion behaupten zu können ohne eine perfekte Sprechweise zu erwarten.

---

[9] Zum Verhältnis zwischen psychischen Belastungen, innerer Haltung und Körpersprache siehe auch Bräutigam et al. 1974, 66f.

# 3. Die Fraktale Affektlogik

„Emotionen beeinflussen unsere Wahrnehmungen beeinflussen unsere Gedanken beeinflussen unsere inneren Bilder beeinflussen unsere Emotionen."
(Frank, 2011)

Die weitläufig verbreitete Annahme, dass Emotionen schwer zu erfassen, irrational und abträglich seien, ist durch Forschungen wie aus dem Gebiet der Neuropsychologie in den letzten Jahren widerlegt worden. So geht nicht nur Damasio (1994), davon aus, dass Körper, Denken und Emotionen als eine Einheit funktionieren und „durch komplizierte neuronale Netzwerke eng miteinander verflochten" sind (Hannaford 2001, 58; vgl. Damasio 1994, 205 & Ciompi 2005, 11). Aufgrund methodologischer und definitorischer Schwierigkeiten sind emotionale Phänomene, besonders im Zusammenhang mit kognitiven Vorgängen, vernachlässigt worden, und erst jüngst entstehen Konzepte wie das der Intersubjektivität (vgl. Lüdtke 2006, 17)

Trotz der aus zahlreichen Fachrichtungen heraus erforschten Ergebnisse bezüglich der Wirkungsweise der Emotionen, ist das Wesen der Gefühle noch nicht erfasst worden. Es wird ein Konzept benötigt, dass in einer „fächerübergreifend verwendbaren wissenschaftlichen Sprache und Konzeptualisierung" (Ciompi 2007, 12f.) die Erkenntnisse aus den Spezialdisziplinen vereinigt und zu einem sinnvollen Ganzen vervollständigt (ebd.). Die vom Sozialpsychiater Ciompi entwickelte Metatheorie der Affektlogik beruht maßgeblich auf der Annahme, dass Fühlen und Denken „in sämtlichen psychischen Leistungen gesetzesmäßig zusammenwirken" (Ciompi 2005, 13). Basierend auf dem relativen Konstruktivismus nehmen wir laut Ciompi in unserem Erleben den für uns relevanten Teil der Umwelt, einschließlich uns selbst, in Abhängigkeit unserer jeweiligen affektiven Stimmung selektiv wahr. Er geht von einem Menschenbild aus, bei dem der Mensch mit seinen Konstrukten sowohl Resultat, „signifikanter Sensor", als auch Gestalter der Wirklichkeit ist. Im Kapitel der fraktalen Affektlogik werden zunächst die Grundbegriffe definiert sowie die biologischen Grundlagen für die Ausgangspostulate erläutert. Ein kurzer Einblick in chaostheoretische Grundlagen vermittelt einen Überblick über das von Ciompi entwickelte chaostheoretisch-affektlogische Modell der Psyche. Im Anschluss wird herausgearbeitet, wie Affekte unser Fühlen, Denken und Verhalten steuern – zuerst im

Allgemeinen und schließlich in Bezug auf jedes der fünf Grundgefühle. Aufbauend darauf wird beispielhaft verdeutlicht werden, wie sogenannte affektiv-kognitiven „Eigenwelten" entstehen und verstanden werden. Abschließend werden aus der Sicht von Ciompi die Erkenntnisse auf kommunikative Prozesse angewandt und relevante Aspekt für die pädagogische Arbeit hervorgehoben.

### 3.1 Grundbegriffe der Affektlogik

> „Es gibt keine Grenzen.
> Weder für Gedanken, noch für Gefühle.
> Es ist die Angst, die immer Grenzen setzt."
> (Ingmar Bergman)

Aufbauend auf Piagets genetischer Epistemologie, nach der mentale Strukturen von Geburt an entstehen und sich in der Aktivität des heranwachsenden Menschen stetig weiterentwickeln, geht Ciompi davon aus, dass jede Aktivität zugleich kognitive und emotionale Komponenten enthält, die in enger Wechselwirkung zueinander stehen. Daher ist der Begriff der Affektlogik doppeldeutig zu verstehen: Einerseits die Existenz einer Logik der Affekte und andererseits auch eine Affektivität der Logik (Ciompi 1997, 48ff.; vgl. Vetter 2010, 66). Laut Ciompi evozieren Emotionen selbst die Aktion. Ergebnissen aus der Verhaltensforschung und der Psychologie zufolge spielen diese affektiven Elemente bei der Entwicklung jeglicher kognitiver Strukturen und Gedächtnisspuren eine entscheidende Rolle. Folglich formen sich bei einer Aktivität permanent affektiv-kognitive Schemata. Wie bei der Entstehung von Reflexen und anderen Lernprozessen ist dieses sich ständig wiederholende Schema aus biologisch-evolutionärer Perspektive äußerst sinnvoll. Bezüglich des Nutzens der Emotionen für das Überleben erklärt Damasio, dass der Mensch basierend auf emotionale Kriterien rationale, lebenswichtige Entscheidungen trifft. Emotionen sind für das Denken insofern richtungsweisend, als sie das Ausmaß einer Gefahr oder eines Risikos signalisieren. Beim Planen und strategischen oder logischen Denken verlassen wir uns auf längst abgespeicherte, mit der Entscheidung in Zusammenhang stehende Erfahrungen (vgl. ebd.; Hannaford 2001, 62). Man kann das mit der unzweideutigen Aussage des Sprichworts „Ein gebranntes

Kind scheut das Feuer" vergleichen, wobei die kognitive Gestalt des Feuers untrennbar mit einem Angstaffekt verbunden ist, der Lösungsstrategien evoziert und uns vor Unheil bewahrt (vgl. Hüther 2014, 34). Ganz gleich, ob man sich in Situationen gleicher oder neuer Art befindet, wird man in kognitiven Prozessen immer die angst- oder lustbesetzten Erinnerungen an bestimmte Erfahrungen abwägen. Bei wiederholten ähnlichen Begebenheiten werden „situationsgerechte psychische Gestimmtheiten und Verhaltensweisen wie Vorsicht, gespannte Aufmerksamkeit oder Entspannung mitsamt den zugehörigen körperlichen Bereitschaften bei jedem erneuten Begehen desselben Weges quasi automatisch reaktiviert" (Ciompi 2005, 47). Diese diachron laufenden affektiv-kognitiven Bezugssysteme verschmelzen zu einem synchronen „Programm", welches für jede weitere Aktion abrufbereit ist. In einem analogen Kontext mit einem entsprechenden Auslöser wird das Programm dann neu aktualisiert. Ciompi nennt die affektiv-kognitiven Bezugssysteme integrierte *Fühl-, Denk- und Verhaltensprogramme* (FDV) die sich, basierend auf angeborene Reflexschemata, von Geburt an konstruieren und lebenslänglich weiter ausbilden. Ein entscheidender Aspekt ist die Intensität, mit welcher solche Prägungen während der ersten Monate und Lebensjahre stattfinden. Deren Wirken kann bis zum Lebensende andauern. Wie unter Punkt 3.1.1 noch näher erläutert wird, können sogar bislang fest eingeprägte Fühl-, Denk- und Verhaltensmuster durch das Einschärfen neuer Gedächtnisinhalte andere Lernerfahrungen induziert werden.

Gemäß dem Grundkonzept der Affektlogik bilden die affektiv-kognitiven Bezugssysteme auf ihren unterschiedlichsten Ebenen die fundamentalen „Bausteine der Psyche (Ciompi 2005, 47). Sie umfassen alle Wahrnehmungsobjekte – von Gegenständen und Personen bis hin zu differenzierten zwischenmenschlichen Verhaltensweisen und komplexen theoretischen Vorgängen. Grundsätzliche Angst- und Vermeidungsreaktionen als erlernte Reflexe bilden ein Beispiel für solche Fühl-, Denk- und Verhaltensprogramme. In derartigen Repräsentanzen werden bedeutende frühkindliche affektiv-kognitive Erfahrungen mit engen Bezugspersonen während der intensiven Prägephase gespeichert und erzeugen bestimmte Denkmuster sowie Einstellungen über sich selbst und andere Menschen. Entscheiden hierbei ist die Tatsache, dass diese Leitvorstellungen nicht nur den Umgang mit den erwähnten Bezugspersonen betreffen, sondern die gesamte sozial-kommunikative Wahrnehmung. Das bewährte Verhaltensmuster wird auf Mitmenschen übertragen, in dessen Nähe die gleichen Affekte ausgelöst werden. Das könnte sich beispielsweise in einer aggressiven Abwehrhaltung gegenüber Autoritätspersonen aufgrund einer als beherrschend und bedrohlich erlebten Vaterfigur, äußern.

Ciompi vergleicht die mentalen Strukturen mit einem Straßensystem, das ständig aus- und umgebaut wird. Neben einigen breiten Hauptstraßen ist ein Geflecht von differenzierten Verbindungsstraßen und kleinsten Fußwegen vorhanden. In Übertragung zu den affektiv-kognitiven Strukturen kann ein unscheinbarer Nebenweg zu einem immer öfter benutzten Fühl-, Denk- und Verhaltensweg werden und sich zu einem ‚öffentlichen Platz' ausbilden. Wie das nachfolgende Unterkapitel zeigen wird, findet dieser Vergleich eine Entsprechung im neuronalen Netz- oder Wegesystem. Nach dem Konzept der Affektlogik sind emotionale Bestandteile nicht nur ausnahmslos obligat präsent, sie spielen, wie an späterer Stelle noch gezeigt wird, eine dominierende Rolle. Zur Komplexität dieser Wechselbeziehungen haben zusätzlich soziale Umwelteinflüsse permanent einen nicht unerheblichen mitwirkenden Einfluss (vgl. Ciompi 2005, 48ff.).

### 3.1.1 Biologische Grundlagen der Affektlogik

Die aussagekräftigsten Beweise für das obligate Zusammenwirken von Affekten und Kognition liefern neueste Erkenntnisse aus der Hirnforschung. Die Verarbeitung der Emotionen findet hauptsächlich im limbischen System statt – zwischen dem Stammhirn und dem Großhirn (Neokortex). Die affektiv-kognitiven Prozesse werden durch spezielle Verbindungen vom limbischen System zum Großhirn ermöglicht. Zum limbischen System gehören unter anderem der Hypocampus und die Mandelkerne (Amygdalae).

Beim automatischen Abrufen von Erinnerungen filtern in unserem alltäglichen Handeln die komplexen Verknüpfungen des limbischen Systems alle kontextbezogenen Informationen, welche die aktuelle Situation im Abgleich mit vorherigen bewertet. Da affektiv-kognitive Prozesse biochemisch wir-ken, aktivieren unsere affektiven Stimmungen zu einem bestimmten Ereig-nis die Ausschüttung spezieller Neurotransmitter. Die Reaktion einer Per-son wird folglich durch die subjektive Einschätzung dieses Ereignisses do-miniert. Wird die Situation als beängstigend interpretiert, kommt es zur Ausschüttung des Neurotransmitters Adrenalin, welche die Produktion von Kortisol nach sich zieht (vgl. Hüther 2014, 34). Unser Vermögen zu lernen und etwas mutig als Herausforderung zu betrachten wird damit einge-schränkt. Wird jedoch ein Ereignis als neue Erfahrung und angenehmes Erlebnis wahrgenommen, ergibt sich die Ausschüttung von Neurotransmit-tern wie GABA (Gamma-Amino-Buttersäure – der wichtigste hemmende Neurotransmitter im Zentralnervensystem). Diese Substanzen regen die neuronale Netzwerkbildung und dessen Reorganisation an, womit kognitive Prozesse beschleunigt werden. Demzufolge stehen Affekte, die die Aus-schüttung der Neurotransmitter auslösen, in engem Zusammenhang mit der kognitiven Verarbeitung (vgl. Hannaford 2001, 63ff.).

McLean folgert, dass die emotionalen Regulationen eine vermittelnde Funk-tion zwischen den „kognitiv-geistigen Pol" und dem „sensomotorisch-körperlichen Pol" ausüben. Darüber hinaus erwähnt Ciompi Forschungser-gebnisse, denen zufolge emotionale Prozesse nicht ausschließlich im limbi-schen System verankert sind, sondern sich vom Hirnstamm über den para-limbischen Bereich weiter in höher gelegene ‚rechtsseitige präfrontale Rin-denbezirke des Großhirns' (s. Kap. 4) ausbreiten. Andererseits finden be-deutende kognitive Funktionen im limbischen System statt (vgl. Ciompi 2005, 53ff.):

Laut Manfred Spitzer werden

> „andere Gefühle [...] möglicherweise in anderen Netzwerken des Gehirns er-zeugt, die mit dem Angstsystem vielleicht gar nicht in Verbindung stehen. Die Fä-higkeit, Gefahren zu erkennen und umgehend darauf zu reagieren, ist der Amygdala zu verdanken (zumindest z.T., da die Amygdala auch noch an anderen emotionalen Funktionen beteiligt ist). Die Amygdala unterbricht Aktionen oder Gedanken, um eine rasche körperliche Reaktion auszulösen, die für das Überle-ben entscheidend sind. [...] Angst und Stress [...] können die Lernkapazität ein-schränken." (Spitzer 2005, 81)

Über sogenannte Assoziationsfasern laufen also zwischen den Mandelkernen und den für höhere geistige Leistungen verantwortliche Großhirnrinde und dem für sensorische Reize zuständigen Thalamus zirkuläre Wechselbeziehungen ab. Für Ciompis Konzept der Affektlogik ist die daraus resultierende Erkenntnis fundamental: Die emotionsgenerierenden Regionen beeinflussen durch ihre Verbindungen zum Großhirn und zu den anliegenden Hormonregulationszentren „den vegetativen Apparat und damit die gesamten inneren Organe" (vgl. Ciompi 2005, 55). Mit diesen neurobiologischen Ergebnissen ist die Grundannahme der Affektlogik sowohl anatomisch als auch funktionell gesichert. Affektiv-kognitive Prozesse wirken gegenseitig und affektive Stimmungen vermögen sich auf den gesamten Körper und die Psychomotorik auszuwirken. Zentral für die Benennung der Fühl-, Denk- und Verhaltensprogramme ist ferner die Tatsache, dass je öfter neuronale Verbindungen angeregt werden, desto leichter und widerstandsloser können sie künftig ablaufen. Analog zum oben erwähnten Straßensystem entstehen durch wiederholte Nutzung von schmaleren Pfaden neue Wege, später vielbefahrene Straßen. Im Gegensatz zu der weitverbreiteten Annahme, dass es eine bestimmte Hirnregion für Gedächtnisinhalte gibt, geht Ciompi davon aus, dass die komplexe Struktur des neuronalen Netzes das eigentliche Gedächtnis darstellt[10]. Daraus schlussfolgernd basiert unser Verhalten im Alltag auf affektiv-kognitive-sensomotorische Assoziationen.

Die eingangs erwähnte Ausschüttung von Neurotransmittern lässt sich auf eine Vielzahl von affektiven Zuständen erweitern - beispielsweise wird bei Angst Dopamin und bei Aggressivität Epinephrin ausgeschüttet. So spiegeln sich bestimmte Affektzustände biochemisch im Gehirn wider. Nach Machleidt (1989, 16, 46-48C; vgl. Ciompi 2005, 59) sind fünf Basisaffekte – Interesse (Intention), Angst, Wut (Aggression/Schmerz), Trauer und Freude – im Hirnstrombild (EEG) nachweisbar. Für die Beschreibung affektiv-kognitiver Verarbeitungsprozesse sind die EEG-Befunde insofern von Interesse als sie Indizien dafür sind, dass jeder Affektzustand jeweils anderen

---

[10] Wobei nicht bestritten werden soll, dass die Temporallappen eine wichtige Rolle und vielleicht sogar der Sitz des Gedächtnisses sind (vgl. Spitzer 2005, 65; der gleichzeitig einräumt, dass konkrete Mechanismen insbesondere des Gedächtnisses noch zu erforschen sind, ebd., 42).

„Bewusstseins- und Hirnfunktionszuständen" entspricht. Dadurch kann möglicherweise verdeutlicht werden, warum unter gleichartigen Affekten eine Übereinstimmung der Denkinhalte vorhanden ist und somit auch ähnliche Verhaltensweisen einen affektiven Zustand prägen.

Alles in allem werden durch neueste neurobiologische Forschungsergebnisse die Ausgangspostulate der Affektlogik bestätigt.

Bevor grundlegend diskutiert wird, inwiefern (spezifische) Affekte die Denk- und Verhaltensweise regulieren, müssen für ein einheitliches Verständnis im Anschluss die wesentlichen Begriffe der Affektlogik definiert werden (vgl. Ciompi 2005, 55 f).

### 3.1.2 Begriffsbestimmung von Affekt, Kognition und Logik

„Logik gegen Gefühl ist wie Dreirad gegen Panzer."
(Wolfgang J. Reus)

Unter dem Begriff des affektiven Phänomens werden nicht nur zahlreiche Bezeichnungen verwendet, sondern diese auch keineswegs einheitlich diskutiert. Neben der Fülle an Definitionen wird der Begriff des umgangssprachlichen „Gefühls" in verschiedene Kategorien eingeteilt, je nachdem aus welchem Blickwinkel man an das Thema herangeht. In Beschreibungen über den Ausdruck ‚Gefühl' findet man häufig eine hohe intuitive und subjektive Komponente des körperlichen Erlebens. ‚Emotion' hebt wortwörtlich die motivationale und energetische Eigenschaft hervor, während die ‚Stimmung' einer länger andauernden „ungerichteten psycho-physischen Befindlichkeit" gleicht. Der Begriff des ‚Affekts' wird oft einem Zustand zugeschrieben, der eine unkontrollierbare Handlung auslösen kann. Interessanter Weise kommt der Begriff „Affekt" im Strafgesetzbuch der Bundesrepublik Deutschlands gar nicht vor; wird aber bei Paragraphenformulierungen wie „tiefgreifenden Bewußtseinsstörung" (§20), „Verwirrung, Furcht oder Schrecken" (§33 StGB), „zum Zorn reizen" (§213 StGB) angewendet.

Zumindest darüber, dass sich affektiven Phänomene zur gleichen Zeit auf der zentralnervösen, körperlich-vegetativen sowie senso-motorischen ausdruckspsychologischen Ebene befinden ist man sich trotz der stark divergierenden Begrifflichkeiten unter Forschern einig. Daran anknüpfend folgert

Ciompi, dass eine auf diesen Gemeinsamkeiten beruhenden Definition die bisherigen keineswegs vernachlässige. Der zentrale Aspekt für die Affektlogik ist die „umfassende körperlich-psychische Gestimmtheit" aller affektiven Phänomene, die durch kognitive Reize ausgelöst werden können. Die Definition lautet wie folgt:

> „Ein Affekt ist eine von inneren oder äußeren Reizen ausgelöste, ganzheitliche psycho-physische Gestimmtheit von unterschiedlicher Qualität, Dauer und Bewusstseinsnähe" (Ciompi 2005, 67; vgl. ebd., 62ff.).

Diese Erklärung ist insofern vorteilhaft, als sie die typischen Eigenschaften von affektiven Erscheinungen beinhaltet und keine kognitive Komponente in sich trägt. Ferner impliziert Ciompis Definition die psychosomatische Eigenschaft der affektiven Phänomene. Affekte können demnach unbewusst sein und sich dennoch auf körperlicher Ebene manifestieren. Sie sind *ganzheitliche psychophysische Gestimmtheiten* mit variierender Bewusstseinsnähe. So gesehen kann es erstens keinen affektfreien Zustand geben und zweitens schließt *ganzheitlich* ein, dass man sich immer nur in *einem* affektiven Zustand befindet. Bevor die Konsequenzen des permanenten affektiven Gestimmtseins erläutert werden können, muss zunächst geklärt werden, was unter Kognition zu verstehen ist (vgl. ebd., 62ff).

Der Begriff *Kognition* wird in der Literatur ebenso uneinheitlich verwendet. In der kognitiven Neurowissenschaft wird er sogar auf den Bereich der Emotionen ausgeweitet. Je nachdem aus welcher Perspektive der Begriff betrachtet wird, haben Psychologen unterschiedliche Auffassungen darüber, was Kognition im Wesentlichen beinhaltet. Für manche sind es ausschließlich die höheren Verarbeitungs- und Gedächtnisprozesse (Osgood, 1953 in Rösler 2011, 2), für andere gehören motivationale Aspekte unweigerlich dazu, die wiederum emotional behaftet sind (vgl. Rösler 2011, 333). Um die affektiv-kognitiven Wechselbeziehungen optimal beschreiben zu können, ist eine klare definitorische Abgrenzung unerlässlich. „Kognition" heißt Erkennen (vgl. Rösler 2011, 1). Die Gemeinsamkeit der erkenntnisgewinnenden Prozesse ist prinzipiell das Erfassen von Unterschieden (Invarianzen) und Gleichheiten (Varianzen) – also ein „Erfassen von Relationen" oder Unterschieden. Im Unterschied zum Affekt handelt es hierbei um etwas Immaterielles und „mathematisch-abstraktes". Kognition wird wie folgt definiert:

> „Unter Kognition ist das Erfassen und weitere neuronale Verarbeiten von sensorischen Unterschieden und Gemeinsamkeiten beziehungsweise Varianzen und Invarianzen zu verstehen" (Ciompi 2005, 72).

Neuronales Verarbeiten kann im Sinne von Informationsverarbeitung verstanden werden. Die Tatsache, dass das Erkennen von Mustern die Fähigkeit des differenzierten Wahrnehmens offenbart, wird auch in der Gestaltpsychologie deutlich – fehlende Elemente werden nach Erkennen der Struktur ergänzt und vervollständigen das ‚Bild'. Neuropsychologische Befunde bestätigen, dass eine der elementarsten Aufgaben im neuronalen Verarbeitungssystem in der Wahrnehmung von sensorischen Unterschieden besteht. Interessanterweise verstärken neuronale Mechanismen solche Wahrnehmungen. Die Unterscheidung zwischen Kognition und Affekt besteht Ciompi zufolge also daraus, dass der Affekt durch die Kognition ausgelöst wird und letzteres einen äußeren Reiz darstellt (vgl. Ciompi 2005, 70, 72-74).

Der Begriff der *Logik,* des Denkvermögens oder des Schlussfolgerns trägt zwei Bedeutungen in sich; Im engeren und im weiteren Sinne. Ersteres betrifft den Zusammenhang von Denkinhalten, die für die Richtigkeit (Logik) eines Denkvorgangs entscheidend sind. Es handelt sich um die formale, rational wissenschaftliche Logik, die sich seit Aristoteles in Bereiche wie z.B. der Aussagelogik oder der philosophischen Logik weiterentwickelt hat. Die Logik im weiteren Sinne beschäftigt sich nicht mit der formal „richtigen" Aussage. Es geht vielmehr darum, in welcher Form in einem speziellen Kontext ‚überlegt' wird, d.h. welche logische Schlussfolgerungen sich aus der üblichen Verknüpfung von kognitiven Inhalten, Handlungen und Haltungen ergeben. Diese Logik wird für die weitere Behandlung des Themas ausschlaggebend sein, denn in diesem Sinn gibt es nicht nur eine Logik, sondern unzählig viele. So kann Angst zu einer affektkonformen Logik führen, Wut zu einer anderen, usw. (Ciompi 2005, 76f.).

### 3.1.3 Die Basisgefühle

Zweifellos gibt es eine unzählbare Menge an Ausdrücken, die einen Gefühlszustand beschreiben. Jeder von ihnen geht zwangsläufig mit einem
kognitiven Inhalt einher - z.B. Neid (neidisch auf wen oder was?), Unmut
(worüber?) oder Unlust (welcher Art?). Basierend auf die kognitiven Inhalte
der jeweiligen Ausdrücke hat Ciompi einer Auswahl an Gefühlsnuancen
fünf Basisgefühlen zugeordnet: Angst, Wut, Trauer, Freude und Interesse.
Zwar herrscht in der Literatur keine Einigkeit über die genaue Einteilung der
Basisgefühle, doch sind die genannten Gefühle bei den meisten Klassifika-
tionen dabei und darüber hinaus konnte bei den oben erwähnte EEG-
Untersuchungen Machleidts (1989, 16, 46-48) Angst, Trauer, Wut, Freude
und Interesse zuverlässig ermittelt werden.

Obgleich die Verhaltensforschung den fünf Grundgefühlen global eine eigene Mimik zuschreibt, ist es bislang noch nicht gelungen den Basisgefühlen eine beständige affektspezifische musterhafte vegetative Reaktion
nachzuweisen (Ciompi 2005, 78ff.).

### 3.2 Affekte als grundlegende Operatoren von kognitiven Funktionen

Abgesehen von der Untrennbarkeit von Affekten und kognitive Prozessen,
sowie deren Wechselwirkung zueinander, beruht die Affektlogik auf der Annahme, dass Affekte im Denken und Verhalten einer Person eine leitende
Funktion einnehmen. Piaget[11] (1932, 1953 in Etienne 1998, 86) gestand
den Affekten zwar auch eine mobilisierende Einflussnahme zu, doch Ciompi geht noch weiter, indem er den Affekten Operatorwirkungen zuspricht.
Der lateinische Begriff Operator bedeutet ‚Arbeiter‘ oder ‚Erschaffer‘ - in der
Mathematik eine Variable, die eine andere Variable beeinflusst und in der
Logik etwas, das aus einer Aussage eine andere, bzw. komplexere Aussa-
ge erzeugt (vgl. Regenbogen 2005, 474). Die Entfaltung der Operatoreffek-

---

[11] „In der Gegenüberstellung von Kognition und Affekt beachtet Piaget charakteristi-
scherweise hauptsächlich den regulierenden Einfluss der Kognition auf die Gefühls-
welt" (Etienne 1998, 86)

te wird in zwei Kategorien eingeteilt. Zum Einen in allgemeine Wirkungen, zum Anderen in spezielle Wirkungen auf die Affekte (vgl. Ciompi 2005, 94ff.).

### 3.2.1 Operatorwirkungen der Affekte auf das Denken

Basierend auf die allgemein anerkannte Wirkung der Affekte auf die Kognition, bilden diese die entscheidenden *,Motoren' und ,Motivatoren' für die ,kognitive Dynamik'*. Jegliche affektiven Kräfte sind regelrechte Energiespender und bringen die kognitive Dynamik in Gang. Zweifellos agieren Ängste, Wut, Freude oder der innige Wunsch nach Harmonie wie Motoren, die unsere Denkvorgänge anregen und uns dazu animieren, Pläne in die Tat umzusetzen. Neben deren mobilisierenden Wirkung können Affekte auch eine hemmende Wirkung auf das Denken ausüben. Auch dafür werden Energien benötigt, wenn z. B. Trauer oder Depressionen die Dynamik des Denkens bremsen oder völlig lähmen.

Außerdem *bestimmen Affekte permanent, worauf unsere Aufmerksamkeit sich fokussiert* und legen gleichzeitig fest, was als wichtig oder als weniger wichtig zu bewerten ist. Abhängig von der jeweiligen Stimmungslage bestimmen Affekte, welche Inhalte wahrgenommen werden. Je nachdem, ob man freudig gestimmt ist, Angst hat oder wütend ist, wählt man aus einer Vielzahl an möglichen Wahrnehmungen diejenige aus, die gerade mit der Grundstimmung korreliert. Unser Bewusstsein ist folglich affektiv gelenkt. Ist man beispielsweise ärgerlich gestimmt, wird man, bezogen auf jegliche sich in der Umwelt befindenden Reize, unweigerlich Dinge wahrnehmen, die einen stören oder seinen Mitmenschen negative Beweggründe unterstellen. Positive Impulse müssen sehr stark sein, um als solche wahrgenommen zu werden. Im Gegensatz dazu wird man in freudiger, euphorischer Stimmung seine Aufmerksamkeit eher auf Schönes richten und eine positive, milde und generöse Haltung gegenüber anderen einnehmen. Im Fall einer eher neutralen Grundstimmung wird der Fokus auf alltägliche Inhalte gerichtet, womit einem eine größere Bandbreite an Aufmerksamkeiten zur Verfügung steht[12]. Das bedeutet schlussendlich, dass wenig intensive Affekte eine potentiell höhere Vielfalt an Wahrnehmungsmöglichkeiten haben als intensivere Affekte, deren Fokus deutlich eingeschränkt ist. Ein weiterer wesentlicher Aspekt in diesem Zusammenhang besteht in der Dauer der Wahrnehmung und in dem daran anknüpfenden kognitiven Inhalt. Aus Ciompis Sicht ergibt sich aus der Aneinanderreihung der affektselektionierten Gedanken „eine stark affektdeterminierte Wirklichkeitserfassung oder Logik" (Ciompi 2005, 97). Daraus resultierend gilt: Der von Affekten gelenkte Aufmerksamkeitsfokus diktiert in kurzfristiger als auch in langfristiger Hinsicht die Auswahl der für eine Person relevanten Information und somit auch deren Weltbild (vgl. Vetter 2010, 66).

Ferner *wirken affektive Stimmungen wie ‚Schleusen' oder Pforten', die das Speichern und Abrufen von Gedächtnisspuren steuern.* Tatsächlich wird der Zugang zu gespeicherten Erinnerungen, die den affektkonformen kognitiven Inhalt bestätigen erleichtert, wohingegen andere Erinnerungen ausgeschaltet werden. So werden in einer wütenden Stimmung Erinnerungen wachgerufen, die den momentanen aggressiven Gefühlszustand noch verstärken. Ebenso verhält es sich mit Freude und Trauer. Schleusen- oder pfortenartige Operatorwirkungen der Affekte sorgen also für die gemeinsame Abspeicherung von Stimmung und den zugehörigen kognitiven Inhalten sowie eine Reaktivierung dieser Koppelung in ähnlichen Kontexten und Stimmungszustand. Oder, in Vetters Worten: „Die Erinnerung wird symbolisch umgeformt. Gefühle können dabei symbolische Reproduktion von Gedanken herbeiführen." (Vetter 2010, 75).

Als letzter Faktor bleibt die Hierarchie der Denkinhalte, die durch die Affekte determiniert werden. Affektive Stimmungen konditionieren, welche Denkinhalte Priorität haben, nämlich solche, die mit dem dominierenden Affekt korrespondieren. Sie bestimmen ferner, welche Denkelemente sich zu größeren Gedankengebäuden manifestieren. Hier bildet sich, ganz nach dem Prinzip der Fühl-, Denk- und Verhaltensmuster, eine eigene Verhaltenslogik. Der Argumentationsstrang z.B. in einem heftigen Beziehungsstreit kon-

---

[12] Selbstverständlich stellt diese Darstellung eine grobe Verallgemeinerung und Simplifizierung dar, um den Ansatz zu verdeutlichen – Affekte sind um ein Vielfaches komplexer und interagieren auf vielschichtigen Ebenen.

struiert sich vorzugsweise aus kombinierten Erinnerungen von erlebten Ent-
täuschungen und Situationen, in denen der Partner verletzend gehandelt
hat und kommt einer „Wutlogik" gleich. In einer „Logik der Liebe" wird jedoch alles, wie möglicherweise auch der Auslöser des Streits, ganz anders
bewertet. Es wird also eine ganz andere „Wirklichkeit" konstruiert.

Zusammenfassend kann gesagt werden, dass alle bislang erwähnten Operatorwirkungen, seien sie mobilisierender, filternder oder hierarchisierender
Natur, einen komplexitätsreduzierenden Effekt haben. Dadurch können
kaus unzähligen sensorischen äußeren und inneren Reize auf ein sinnvol-
les Maß beschränken werden (vgl. Ciompi 2005, 94ff.; Ciompi 2007, 23f.).

### 3.2.2 Affektspezifische Formen von Denken und Logik

"When dealing with people,
remember you are not dealing with creatures of logic,
but creatures of emotion."
(Dale Carnegie)

Im Folgenden werden fünf spezifische Affektwirkungen beschrieben:

#### 1.Neugier und Interesse

Die Intentionsgefühle Neugier und Interesse mobilisieren die Freisetzung
von Energien und stimmen den Körper auf Aktivität. Sie sind erforderlich,
um überhaupt die Aufmerksamkeit auf ein Objekt oder eine Person richten
zu können. Bei allem Neuen spielt immer auch mehr oder weniger unbewusst ein Angsteffekt mit. Trotz dieser Wechselwirkung setzen Intentionsgefühle grundsätzlich einen Bewegungsimpuls des „Hin-zu" in Gang. Der
Affekt des Interesses bildet die Voraussetzung für exploratives Verhalten
(Ciompi 2005, 100).

#### 2.Angstgefühle

Gefühle der Angst sind lebenswichtig und warnen hauptsächlich vor Gefahren während sie zeitgleich Abwehr-/Fluchtmechanismen motivieren. Sie
schrecken ab und aktivieren Zurückhaltung vor potentiellen Bedrohungen

innerhalb der Umwelt sowie vor gefährlichen Denk- und Verhaltensberei-
chen. Der elementare Impuls von Angstgefühlen besteht in einem „Hinweg-
von". In der Angst werden ständig Fluchtsignale freigesetzt und lebenswichtige Grenzen aufgezeigt. Letztere können sogar auf Wahrnehmungs- und
Denkprozesse beeinträchtigen. Diese reflexartigen Auswirkungen sind äußerst effektiv, denn sie bewahren vor beispielsweise Gefahren des Stra-
ßenverkehrs oder einfach nur in ungewohntem Umfeld vorsichtig zu agieren. Beim Ausbruch eines Feuers werden in der akuten Angst alle aufkom-
menden kognitiven Inhalte sofort gelöscht und nur diejenigen zugelassen,
die überlebenswichtig sind. Alle der Flucht dienenden kognitiven Inhalte
werden beschleunigt und gleichzeitig wird der ganze Körper mobilisiert –
das Verhalten beschränkt sich schlagartig auf wenige notwendige Schritte.
Dieser positive Aspekt ist besonders wichtig, da der Begriff der Angst oft
negativ konnotiert ist - in erster Linie weil die Angst zuweilen auch dysfunk-
tional als unnatürliche Angst vor jeglichem Neuen wirken kann (ebd., 100).


### 3.Wut und Aggressivität

Bereits Lorenz (1963 in Ciompi 2005, 100f.) sprach auch den Gefühlen von
Wut und Aggressivität lebenswichtige Funktionen zu. Im Tierreich dienen
sie der Verteidigung vor Rivalen und sichern somit den Fortbestand der Art.
Beim Menschen finden diese Gefühle eine ähnlich fundamentale Begrün-
dung: Die „Verteidigung" der persönlichen psychologischen Grenzen erhält
die eigene Identität aufrecht. Auch hier findet eine Filterung der Wahrnehmungen und der Denkinhalte statt. Aggressive Affektstimmungen muss
nicht unbedingt grobe physische Gewaltausübung sein, sondern kann in
Form von Gestik, Körpersprache und verbal ausgedrückt werden. Die we-
sentliche Funktion der Wut und Aggressivität besteht darin, physischen und
psychischen Grenzen zu setzen und beizubehalten. In dysfunktionalen Beziehungen wird oft wegen der abgrenzenden Wirkung Aggressivität als
„psychologisches Lösemittel" eingesetzt (ebd., 101f.).

## 4.Trauer

Ein überaus sinnvoller und ebenso erlösender Prozess besteht im Ausdruck von Gefühlen der Trauer. Der von Freud geprägte Begriff der „Trauerarbeit" bedeutet den Verlust eines Objektes, das man noch in lebhafter, liebevoller Erinnerung hat, Schritt für Schritt zu verkraften. Dieser sehr Prozess kann zwar auf höchster Ebene schmerzhaft sein, ist jedoch essentiell, um die an den Verlust gebundenen Energien wieder für neue Objekte oder Aufgaben zu gewinnen. Gäbe es die durch die Trauer gesteuerte Trauerhandlung könnten schwerwiegende Konflikte die Psyche belasten (Ciompi 2005,.102).

## 5.Freude, Liebe und Vergnügen

Lustbetonte Gefühle wie Freude, Liebe und Vergnügen sind in der Psychologie und Psychoanalyse als „übermächtige Attraktoren" bezeichnet worden. Sie haben eine grundlegende Bedeutung für Bindungen aller Art – zu anderen Menschen, Tieren Objekten, Orte und sogar zu geistigen Gebilden wie Ideologien oder Theorien. Positive Gefühle verleihen in der Regel der psychischen Dynamik ein „Hin-Zu" oder „Miteinander". Man ist bestrebt die innigen Bindungen zum geliebten Objekt zu vertiefen. Lustbetonte Gefühle vermögen somit eine verbindende Wirkung zwischen kognitiven Inhalten zu haben (Ciompi 2005, 102f.).

Ciompi schlussfolgert:

> „In ihrer Gesamtheit bewirken und begründen die Affekte eine gesetzmäßig geregelte kognitive Dynamik, die einem mengenmathematischen Bewegungsspiel gleichkommt und sicher zu Recht als ein Aspekt einer immanenten ‚Logik der Affekte' betrachtet werden darf" (ebd., 103).

Bezugnehmend darauf, dass man immer in irgendeiner Weise gestimmt ist und allgemeine sowie spezifische Operatorwirkungen das Denken und Verhalten steuern, findet je nach affektiver Stimmung ein stetiges modifizieren der kognitiven Inhalte statt. Gewisse kognitive Reize evozieren oder intensivieren affektive Stimmungen, und regulieren dagegen die Wahrnehmung und das Denken. Erweitert werden diese Prozesse durch Reaktivierung von FDV[13]-Programmen, die je nach affektiver Stimmungslage die affektrelevanten Erfahrungen aus dem gesamten Erinnerungsvermögen abruft und die Denkvorgänge zusätzlich beeinflusst. Die daraus resultierende Logik der Angst, der Trauer, und der Freude, um nur einige zu nennen, unterscheiden sich maßgeblich in Inhalt und Form.

In jedem affektiven Zustand laufen durch Selektion und reaktivierte Gedächtnisinhalte verschiedene kognitive Denkvorgänge ab, die eine komplette Vorstellung von dem liefert, was folgerichtig „wahr" sein muss. Ergo ist die eigene Sichtweise im Sinne des Konstruktivismus ein Konstrukt einer Wirklichkeit. In dieser Hinsicht variabel ist die Dauer des Affekts – er kann im Fall eines panischen Momentes von sehr kurzer Dauer sein oder wie in einer Depression (also quasi ein psychopathologisches FDV, auf das hier nicht tiefer eingegangen werden kann) länger anhalten. Dagegen sind die Affekte in der sogenannten „Alltagslogik" konstanter. Zum Beispiel sind Wertvorstellungen, Motivationen und Vorurteile ebenfalls das Ergebnis unzähliger Affekt-Kognitionsbindungen. Sie manifestieren sich jedoch zunehmend unbewusst und betreffen automatisierte alltägliche Denkmuster und Verhaltensweisen.

Der zweite Unterschied innerhalb der verschiedenen Typen von Logik ist formaler Art und betrifft den Aktivitätsmodus und die Zeit. Im Zustand absoluter Freude werden Denkprozesse enorm beschleunigt, was die Flexibilität und das Ideenreichtum erhöht Ciompi 2005, 102). In der augenblicklichen Angst oder Wut wird das Denken ebenfalls angekurbelt - kann jedoch auch hemmend wirken (vgl. Spitzer 2005, 80f.). In traurig-depressiven Stimmungen sind die Denkvorgänge sehr eingeengt und verlangsamt. Das subjektive Zeiterleben  weicht innerhalb der verschiedenen Affekte ab. Während unter Freude schnell zu vergehen scheint, vermag sie unter Trauer nicht zu vergehen. Das Zeiterleben sowie das psychische Denktempo beeinflusst den kognitiven Inhalt und die Denkweise. So kann es sein, dass Ausgangslage, objektive Fakten und die Zeit für jedes der potentiellen affektiven Stimmung identisch ist und die affektkonforme Argumentationskette formallogisch die gezogen Schlüsse und Verbindungen logisch nachvollziehbar

---

[13] FDV = Fühl-Denk-Verhaltensmuster

sind, jedoch am Ende völlig differierende Interpretationen zustande kommen – beispielsweise bei einem politischen Disput. Vor allem, wenn unterschwellig tiefe Gefühle wie Hass und Neid ‚brodeln‘ – äußerlich jedoch offenbar davon nichts zu erkennen ist – können überraschenderweise  mit derselben formalen Logik aufgrund affektbedingter Selektion und Gewichtung von kognitiven Inhalten konträre Ansichten erfolgen.

Ein kurzer anschließender Überblick über chaostheoretische Grundsätze liefert einen anderen Zugang zur Affektlogik und bestätigt die affektabhängige, gesetzmäßig gesteuerte kognitive Dynamik.

### 3.3 Ein chaostheoretischer Zugang
„Jede Ordnung ist der erste Schritt auf dem Weg in neuerliches Chaos."
(Albert Einstein)

In der Chaosforschung werden nichtlineare, selbstorganisatorische Vorgänge mit ihren Turbulenzen und plötzlich auftretenden Entwicklungssprüngen mathematisch formalisiert. Diese Effekte, die das System beeinflussen, treten auf, wenn sie fortgesetzt mit Energie versorgt werden – und sie folgen einer Logik. Die Chaostheorie lässt sich grob in zwei Bereiche aufteilen: Einerseits in den Bereich der sich in der abstrakten Mathematik (Stochastik) und andererseits in den Bereich, der bereits außerhalb der reinen Mathematik zu enormen Denkanstößen geführt hat – das deterministische Chaos. Ein Beispiel dafür ist der sogenannte „Schmetterlingseffekt", nach dem ein kleinster Impuls ausreicht, um ein sensitives, nichtlineares System zum Kippen zu bringen[14]. In dieser Ausarbeitung geht es um diesen zweiten Bereich und dessen Übertragung auf psychische Funktionen. Es folgt eine Zusammenfassung derjenigen chaostheoretischen zentralen Begriffe, die für die Erklärung von Energieverteilungsmustern und plötzlichen Veränderungen im Verhalten innerhalb nichtlinearer, psychischer Funktionsmuster genutzt werden können. Ergänzt wird der Ansatz durch den Begriff der Fraktale und dem Zusammenwirken beider Konzepte.

---

[14] geprägt wurde der Begriff vom Meteorologen  Edward N. Lorenz im Jahr 1972 mit dem Vortrag "Predictability: Does the Flap of a Butterfly's Wings in Brazil set off a Tornado in Texas?" http://eaps4.mit.edu/research/Lorenz/Butterfly_1972.pdf

Die Funktionsweise des deterministischen Chaos lässt sich an dem bekannten Beispiel eines mit Wasser gefüllten Topfes, der erhitzt wird, verdeutlichen. Der energetische, sich in einem Gleichgewicht befindende Ausgangszustand des Wassers mit seiner konstanten Temperatur wird als dissipative Struktur bezeichnet. Geht die Energiezufuhr über den Ausgangszustand hinaus, erwärmen sich die Moleküle linear, indem sie die Hitze weiterleiten. Wird jedoch ein kritischer Punkt – auch Bifurkation genannt - erreicht, verändert sich die Struktur des Wassers schlagartig. Es beginnt sich turbulent zu bewegen. Das deterministische Chaos fängt an, wenn die Bahn der Wasserteilchen nicht mehr berechenbar scheint. Es kommt zu Konvektionsströmen, bei denen sich wabenförmige Konvektionsmuster bilden. Wird die Energiezufuhr nicht gestoppt, tritt an diesem zweiten kritischen Punkt eine weitere Bifurkation (nichtlinearer Phasenübergang) ein und die Flüssigkeit beginnt zu verdampfen.

Laut Ciompi ist dieses Prinzip des deterministischen Chaos wesentlich für die Beschreibung des spannenden Übergangsbereiches am Ende eines dynamischen Vorgangs.

Ein begleitendes grundlegendes Konzept für diese Überlegungen bilden die Begrifflichkeiten der Fraktalität, die „skalenunabhängige Selbstähnlichkeit" (Ciompi 2005, 147, 151). Im eigentlichen Sinne des Wortes beschreibt Fraktalität das „(herunter)brechen" von Strukturen, wobei die Selbstähnlichkeit (nicht Identität) gewahrt wird.

Besonders nachvollziehbar wird dieser Ansatz in Anlehnung an die geometrische Mathematik bei der Berechnung der Koch-Kurve (Konstruktion der Kochschen Schneeflocke). Hierbei wird bei einem gleichschenkligen Dreieck jeweils das mittlere Drittel jeder Seite durch ein eigenes Dreieck ersetzt. Dieser Vorgang (Logarithmus) wird dann beliebig (unendlich) oft wiederholt.

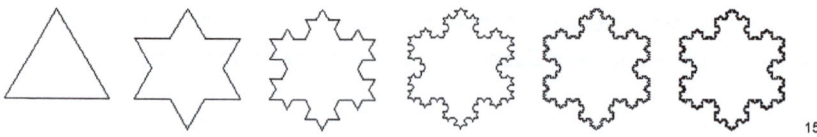

[15]

---

[15] http://homepages-fb.thm.de/boergens/marken/04_01/bild03_marke04_01.png

Das geometrische Resultat ähnelt frappant dem tatsächlichen Aufbau einer Schneeflocke. Das ist nicht überraschend, denn Fraktale sind in der Natur bei geschärftem Blick überall zu beobachten. Mit einem Simulationsprogramm können sie mittels Computertechnik sogar animiert werden und das Resultat ähnelt den natürlichen Vorkommen ebenfalls sehr – so sehr, dass diese Technik sogar Einzug in die Computeranimationen von Landschaften in Filmen bekommt (z.B. die Fantasielandschaft in „Jurassic Park"[16])

Bekanntermaßen sind diese Fraktale aber nur selbstähnlich, nicht aber identisch, denn auch beim intensiven Vergleich sind Schneeflocken nicht völlig identisch. Diese Veränderungen, bedingt durch Temperatur, Luftdruck, Wind (im Übrigen die selben Kriterien des erwähnten Schmetterlingseffekts) bei der Entstehung, widersprechen aber nicht dem zugrunde liegenden System sondern bestätigen es: denn unabhängig von externen Einflüssen verändert sich das System trotzdem entsprechend eines iterativen Logarithmus.

Die Dimension dieses Systems lässt sich durchaus berechnen, nicht aber konkret vorhersagen. Darüber hinaus lässt sich auch ein möglicher Radius berechnen, an den sich die Menge der Variablen annähern. Die Dimensionen dieses Attraktors können mathematisch berechnet werden und liegt offensichtlich zwischen denen des Punktes (Dimension = 0), Linie (Dimension = 1), Fläche, etc. (vgl. Ciompi 2005, 148).

Wenn nun also diese Fraktaliät innerhalb aller natürlichen Systeme beobachtet werden kann (von Küstenlinien über Pflanzen bis hin zu Herzschlägen), wäre es nur zu erwarten, dass sich auch die biochemischen Prozesse des menschlichen Gehirns diese ökonomischen Strukturen bedienen – sowohl in psychologischen als auch in psychosozialen Systemen.

Die Verbindung dieser beiden Konzepte von Phasenübergängen innerhalb eines deterministischen Chaos (im Gegensatz zum umgangssprachlichen Gebrauch des Wortes) in Verbindung mit Fraktalität (also Selbstähnlichkeit auf verschiedensten Ebenen) vermag in vielerlei Beziehung ein neues Licht

---

[16] vgl. Ciompi 2005, 150 und http://www.slantmagazine.com/house/2013/05/jurassic-park-as-a-means-of-discussing-fractals-chaos-theory-and-scary-movies

auf natürliche biologische, geologische, neurologische und auch psychologische und psychosoziale Phänomene werfen:

Konvektionsmuster, also. Phasenübergänge, die nach dem gleichem Muster ablaufen, finden banale aber auch höchst komplexe Anwendung: Als Beispiel mag die jährlich divergierende Population von Füchsen und Hasen dienen. Wird ein solches System wegen zu hoher Wachstumsraten immer mehr aus dem Gleichgewicht gebracht, so treten nacheinander, in immer kürzeren Abständen Bifurkationen – Veränderungen der Populationsentwicklung – ein, bis die Dynamik ins chaotische umschlägt. Die mathematische Gleichung, die diese Systemdynamik beschreibt, soll hier nicht näher erläutert werden. An dieser Stelle mag es genügen, zu erwähnen, dass der Physiker Mitchel Feigenbaum 1978 eine allgemeingültige Konstante (die Feigenbaum-Konstante) nachweisen konnte, nach der Chaos bei fortgesetzter Energiezufuhr immer an einem bestimmten Punkt auftritt. Folglich gibt es eine deterministische Gesetzmäßigkeit für das vermeintlich chaotische Geschehen. Man kann sogar ein ordnendes Verhaltensmuster von immer wiederkehrenden Bifurkationen, die die kurzen chaosbestimmten Phasen unterbrechen, erkennen. Die ständige Wiederholung der gleichen Prozesse wird nach Benoît Mandelbrot (1924-2010) als Selbstähnlichkeit bezeichnet und stellt das charakteristische Phänomen der Chaostheorie dar. Die Perspektive der Chaosforschung ermöglicht daher die Analyse des Übergangs von berechenbaren, linearen Ordnungssystemen ins Chaos. Die Ordnung ist also, wie im obigen Zitat erwähnt, der erste Schritt zum nächsten Chaos, dem widerum eine gewisse Ordnung unterliegt.

Zustände, die selbst bei Veränderung der Betrachtungsgrößen in ihren Eigenschaften gleich bleiben, kann man in unzähligen natürlichen Systemen beobachten – im Aufbau von Gewitterwolken oder eben Schneeflocken, in Pflanzenstrukturen oder in der Physiognomie. In der Tat wurde kürzlich nachgewiesen, dass die Größenverteilung von Blättern und Ästen eines beliebiger tropischen Baumes überraschend exakte Rückschlüsse über die

Größenverteilung des kompletten Waldes – und darüber hinaus den $CO_2$-Verbrauch des kompletten Waldes berechnen lässt[17].

Der enge Zusammenhang der Gesetzmäßigkeiten in den verschiedensten nichtlinearen Systemen erlaubt nach Ciompi einen Brückenschlag zu den nichtlinearen Phasenübergängen in psychosozialen Krisen. Der anfängliche Anstieg der Labilität verläuft linear bevor eine nichtlineare plötzliche Wende in ein neues (Verhaltens-) Muster erfolgt. Heftige Schwankungen zu den Extrempolen hin fungieren als Vorboten für den systemverändernden Übergang der Phasen. Das System wird immer anfälliger für äußere Einflüsse bis schließlich ein winziger Impuls ausreicht, um eine große Wirkung auszulösen – ganz im Gegensatz zu dem üblichen Verhältnis von Ursache und Wirkung. Deterministisch-chaotische Systeme zeichnen sich charakteristisch durch ihre hohe Sensitivität für Ausgangsbedingungen aus. Das hieße in der Übertragung, dass ein scheinbar bedeutungsloser kognitiver Inhalt einen extremen Affekt auslösen kann und durch die Reaktivierung des entsprechenden FDV-Musters sich durch ständig wiederholende affektiv-kognitive Wechselbeziehungen, sogenannte Iterationen, ein extrem überraschendes oder „abnormales" Verhalten entwickeln kann. Diese Sensitivität besteht nicht nur am Anfang, sondern bleibt konstant. Besonders in psychischen oder neurobiologischen Systemen sind diese sensorischen Eigenschaften von Bedeutung, denn sie ermöglichen eine ein ständiges Anpassen an wechselnde Umweltbedingungen.

In diesen Informationsverarbeitungsprozessen tritt das zweite charakteristische Merkmal des Chaos in den Vordergund – der Attraktor (vgl. Ciompi 2005, 134 ff.; Hoepfner 2003, 16 ff.).

Verallgemeinert kann der Attraktor als ein für ein nichtlineares System „attraktiven" dynamischen Zustand beschrieben werden (vgl. Schiepek & Strunk 1994, 105 ff.). Attraktoren sind Bereiche in einem abstrakten, mehrdimensionalen Zustands- oder sogenannten Phasenraum, der durch die Systemvariablen aufgespannt wird und mit denen das Verhalten von Per-

---

[17] http://tv.orf.at/groups/magazin/pool/newtonmandelbrot231010, siehe auch
http://www.youtube.com/watch?v=qqRiZWGwk-A

sonen gemessen werden kann. Im deskriptivem Sinn können FDV-Muster also als Attraktoren für das Verhalten und Erleben bezeichnet werden. Der Attraktorbereich besteht aus vielen Verlaufswegen oder Trajektorien, die bei lebenden Systemen immer eine bestimmte Form annehmen: „Die Gestalt der Trajektorie in einem Teilbereich des Phasenraumes ist eben der Attraktor" (Schiepek 2006, 193). In der Methodik dynamischer Systeme ist es mathematisch möglich, verschiedene Typen von Attraktoren zu bestimmen.

Würde man quantitative Daten, die eine zeitliche Entwicklung beschreiben, mit Hilfe einer (nicht-) linearen Differentialgleichung darstellen, könnte man zwar die Gestalt des Attraktors erkennen, aber den Verlauf der Trajektorien nicht vorhersagen. Darüber hinaus ist das Vorhandensein eines Attraktors von unterschiedlicher Dauer. Das Verhalten einer Person hält sich quasi bisweilen nur recht kurz in einem Attraktor auf und wechselt dann aufgrund eines Impulses in einen anderen Attraktor. So sind z. B. Lernprozesse dadurch gekennzeichnet, dass das System, oder der Mensch, neue Attraktoren bilden kann.

> „Insofern es sich hier um dynamische Muster, mit anderen Worten um Attraktoren des psychischen Funktionierens handelt, ist die Persönlichkeit als Potentiallandschaft von Attraktoren vorstellbar. Diese Landschaft verändert sich in Abhängigkeit von Erfahrung (Lernern), weist umgekehrt aber auch eine gewisse Stabilität auf" (Schiepek 1999, 226)

Solche neuen FDV-Muster können unter anderen Bedingungen als potentielle Möglichkeit des Verhaltens wieder aufgesucht oder abgerufen werden (vgl. Schiepek 2006, 193f.).

## 3.3.1 Ein chaostheoretisches-affektlogisches Modell der Psyche

„Das Chaos ist nicht schrecklich –
es ist nur schrecklich präzis."
(Walter Fürst)

Ciompi interpretiert in der Übertragung der chaostheoretischen Grundbegriffe auf das Modell der Psyche, die Logik der Basisgefühle Angst, Wut, Trauer und Freude ganz deutlich als „typische Attraktoren" (oder dissipative Strukturen). Solange der affektive Zustand dominiert, richtet sich alles Wahrnehmen und Denken auf den Attraktor, also die erlernten FDV-Muster. Im nächsten Unterkapitel werden diese Muster auch als affektiv-kognitive Eigenwelten beschrieben, auf die sich in einer spezifischen affektiven Stimmung das Denken und Verhalten zwangsläufig zubewegt. Aus chaostheoretischer Perspektive sollten nach Ciompi jegliche psychische und psychosoziale Vorgänge als selbstähnliche oder fraktale „iterative Trajektorien in einem mehrdimensionalen abstrakten Phasen- oder Zustandsraum verstanden werden" (Ciompi 2005, 154). So gesehen wirkt jede emotionale Stimmung als Attraktor und steuert alle Denk-, bzw. Verhaltensprozesse. In einem abstrakten affektiv-kognitiven Zustandsraum entsteht durch die permanente Wiederholung der einzelnen FDV-Abläufe (Trajektorien) innerhalb eines Affekts und Kontextes die typische Form eines oben beschriebenen Attraktors.

Neben der Abbildung eines Attraktors in einem Phasenraum besteht die Option, diese in Form von ausdifferenzierten Potentiallandschaften bildlich darzustellen. In so einem Modell hätte man alle möglichen Zustände und psychischen Bewegungen vor Augen – eine mehrdimensionale Landschaft von „attraktiven" Senkungen und energetisch aufwendigen Erhebungen. Eine solche Potentiallandschaft mit den Parametern Motorische Aktivität (x-Achse), positiver vs. negativer Affekt (y-Achse) und Energieniveau (z-Achse) könnte genutzt werden, um konkretes Verhalten zu erklären und Verhaltensmuster abzulesen (vgl. Schiepek 2006, 193f.).

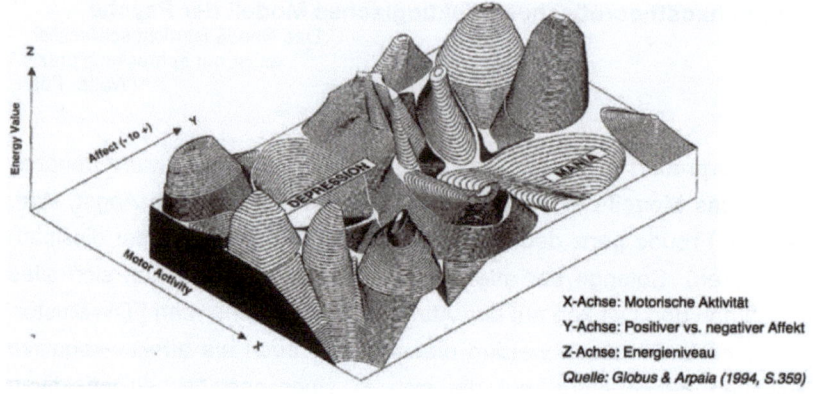

X-Achse: Motorische Aktivität
Y-Achse: Positiver vs. negativer Affekt
Z-Achse: Energieniveau
*Quelle: Globus & Arpaia (1994, S.359)*

(aus Globus und Arpaia 1994, 359; nach Schiepek 2006, 194)

Zum Beispiel ließe sich nachvollziehen, welche Bereiche der Systemdynamik viel Energie fordern und somit einen extrem starken Drang haben sich auf den energiesenkenden Attraktorbereich zuzubewegen. Gerade der Kontrollparameter „Energie" ist chaostheoretisch von Interesse. Denn erst durch die energetische Betrachtungsweise von psychischen Vorgängen können die mobilisierenden und bremsenden Wirkungen von Affekten sichtbar gemacht werden. Man könnte einerseits die lineare Entwicklung bis zum Übergang ins chaotische, unberechenbare Verhalten sowie die Wirkung bestimmter Affekte besser verstehen. Andererseits ermöglicht es, krisenhafte Veränderungen von übergeordneten FDV-Mustern als typisch selbstorganisierte Systeme zu erkennen. Das heißt, dass die vorhandenen Affektenergien in einer anderen dissipativen Struktur selbständig auf die kognitiven Inhalte verteilt werden.

Psychosoziale Abläufe lassen sich bereits mit Computermodellen mathematisch formalisieren. So konnten bereits unter Einbezug der Affektdimension plötzliche Phasenübergänge innerhalb der subjektiven Stimmungswahrnehmung dargestellt werden. Ciompi schließt daraus, dass der Spannungspegel im psychosozialen Bereich als entscheidender Kontrollparameter fungieren sollte. Als Ordnungsparameter funktionieren übergeordnete Ideen oder Vorstellungen. An einem kritischen Punkt aggressiver Spannungen kann es z.B. während einer heftigen verbalen Auseinandersetzung zu einem plötzlichen Phasensprung in offene Gewalt oder völlige Resignierung kommen oder an einem kritischen Punkt der Entspannung zu einem plötzlichen Ende des Streits. Übergeordnete Ideen als Ordnungsparameter könnten in diesem Fall z.B. Voreingenommenheit jeglicher Art sein – auch die aus persönlichen Erfahrungen gewachsene. Welcher Logik die spezifischen Gefühle folgen und wie sich daraus die übergeordneten Vor-/Einstellungen ergeben wird als nächstes erläutert.

### 3.4 Die Entstehung von affektiv-kognitiven Schienen

> „Chaos ist gelegentlich nötig,
> um festgefahrene und erstarrte Strukturen aufzubrechen.
> Dann ist neues Wachstum möglich."
> (Eva S. Roth)

Die Art und Weise wie man seine Umwelt sowie die dazugehörigen Personen und Handlungen betrachtet und bewertet, ist das Ergebnis von wechselseitig wirkenden zum Teil stark etablierten affektiven und kognitiven Komponenten. Aufgrund der Operatorwirkungen der Affekte auf das Denken und Verhalten tendieren emotional ähnlich eingefärbte FDV-Programme dazu, sich mit der Zeit zu affektiv-kognitiven „Schienen" zu entwickeln. Die nächsten Abschnitte beschäftigen sich damit, welche Gesetzmäßigkeiten sich daraus für die einzelnen Grundgefühle ergeben:

Angst und Angstlogik

Angstgefühle sorgen nicht immer dafür, dass man sich durch blitzartige Überlegungen und Fokussierung aus Gefahr retten kann. Es gibt unzählige kognitive Reize, die einzelne FDV-Programme reaktivieren können. Die Qualität und Dauer des Gefühls kann zwar variieren, aber der Bewegungsimpuls ist jedem Fall ein „Weg-von" oder „Distanzierung-von". Als Beispiel führt Ciompi eine wohlhabende in ihrer eigenen Villa lebender alte Dame an, die leichte Gedächtnisstörungen hat, aber um keinen Preis der Welt ihr gewohntes luxuriöses Heim verlassen möchte. Wegen ihrer panischen Angst vor Einbrechern entwickelt sie beim abendlichen Verriegeln ihrer Schlösser ein langes zwanghaftes Ritual. Um sich trotz der Sicherheitsmaßnahmen sicher zu fühlen, schläft sie auf einem Sofa, um im Fall eines Einbruchs von der über ihr wohnenden Partei gehört zu werden. Ihrer Schlaflosigkeit lässt erkennen, sie sich dennoch keineswegs sicher fühlt. Das gesamte Verhalten schwenkt indessen um, als die Dame zu ihrer Tochter zieht und nicht mehr alleine lebt (Ciompi 2005, 180).

In diesem Fall ist die Angst im Wesentlichen an eine Situation gekoppelt und wird durch ihre Gedächtnisstörung noch verstärkt. Eine Angstlogik kann sich also für die betreffende Person auch latent negativ anfühlen und ist nicht pathologisch – eine solche würde mit der Behebung der Ausgangssituation nicht verschwinden.

Angst ist, wie am Beispiel der Dame deutlich zu erkennen, lediglich ein Attraktor, der das Denken und Verhalten bestimmt. Die bedrohenden Phantasien, sich vor potentiellen Verbrechern verteidigen zu müssen, verschwinden, sobald der Tag anbricht und sie in ihrem Garten arbeitet oder mit der allergrößten Freude Gäste empfängt und bewirtet. Es gibt also auch völlig angstfreie Phasen. Nur zur Nacht gewinnt der Angstattraktor an Dominanz engt das Denken extrem ein.

Ein literarisches Beispiel für die Wahrnehmung und Verknüpfung von zahlreichen selektionierten Kognitionen, ist die von Jaques Chessex erzählte Geschichte eines Judenmordes (1942) in seiner Geburtsstadt Payerne. Die quälenden Kindheitserinnerungen an das Ereignis verlieren ihre Wirkung auch nach Jahrzehnten nicht. Er beschreibt aus seiner Perspektive die angespannte Atmosphäre, die nach dem Verbrechen in der Stadt herrschte. Sein ganzes Handeln richtete sich nach seiner Angst aus: Er nahm lange Wege in Kauf, um die Begegnung mit den Henkern zu vermeiden, die an jeder Ecke lauerten. Seine Gedanken kreisten umso mehr um diese gefährlichen Gestalten als sie nicht mehr in Sichtweite waren. Er beschreibt die lebendige Stadt, wie sie mit ihrem fröhlichen Marktplatz auf andere einen unbeschwerten Eindruck vermittelt, ihn jedoch in eine tief lastende Angst versetzt. Er nimmt ganz deutlich die mit Ruß verdeckte schuldbeladene Stadt wahr und verspürt eine langanhaltende Traurigkeit, während andere ignorieren, dass das ganze Leben in der Payerne einen tragischen Sinn bekommen habe (Ciompi 2005, 181f.).

Die kanalisierende Wahrnehmung ist unverkennbar. Zum Einen wird Neutrales dunkel gefärbt, zum Anderen werden kognitiven Inhalte, die mit der Angststimmung nicht konform sind ausgeblendet (der Alltag von Payerne) oder umgedeutet (fröhlicher Marktplatz – „nie mehr wird der Markt fröhlich sein"). Durch die ständige Wiederholung von ähnlichen Einzelelementen, oder selbstähnlichen Trajektorien, bildet sich eine komplexe Verflechtung affektspezifischer FDV-Bahnen, die sich mit der Zeit zu regelrechten Eigenwelten verdichten und eine andere Möglichkeit die Wirklichkeit zu erfassen zunehmend erschweren. Diese Bahnen können, wie das Beispiel zeigt, nach vielen Jahren immer noch abgerufen werden, quasi, wenn ein kognitiver Inhalt den Angstaffekt auslöst (vgl. Ciompi 2005, 179ff.).

Wut und Wutlogik

Eine spezifische Wut- oder Aggressionslogik kann sich durch konstante Wiederholung des FDV-Musters zu einer Eigenwelt mit nur einem einzigen dominierenden Gefühl entwickeln. Im Alltag sind in unterschiedlicher Ausprägung ständig Aggressionsattraktoren wirksam. In der Psychoanalyse bezeichnet man den Prozess als Übertragung: Wie an obiger Stelle bereits angeführt, kann sich aus einer traumatisch erlebten Kindheit mit einem strengen verständnislos handelnden Vater

ein unterwürfiges, eingeschüchtertes und ein latent rebellisch-aggressives Verhalten gegenüber jeder männlichen Autoritätsperson entwickeln und sich zu einem dauernden Muster manifestieren. Eine komplette affekt-kognitive Eigenwelt wird durch mehrere solcher Schienen konstruiert. So können die seit der Kindheit wirkenden spannungsgeladenen FDV-Muster sich auf andere Personengruppen bis hin zu allen Menschen ausweiten. Das hieße in diesem Beispiel, dass man nicht nur männlichen höher gestellten Personen gegenüber misstrauisch ist, sondern auch weiblichen Vorgesetzten oder möglicherweise jegliche fremde Person mit diesem Gefühl begegnet. Das Konfliktpotential ist hier sehr ausgeprägt, da sie sehr spezifisch und zugleich generalisierend ist (keinem Menschen kann man trauen). Menschen, die diese Eigenwelt weder entwickelt haben noch über die Hintergründe informiert wurden, haben keinerlei Möglichkeit, den psychischen Status nachvollziehen zu können. Es kommt zum gegenseitigen Unverständnis und vermutlich sogar entgegneter Ablehnung und das vorher auf verbaler Ebene gezeigte aggressive Verhalten kann ohne einlenkende spannungsauflösende Schritte in einem körperlichen Gewaltausdrück oder gar Kampf eskalieren – in jedem Fall besteht die große Gefahr, dass die generalisierte „Realität" erneut bestätigt wird.

Streitigkeiten im täglichen Leben werden oft ebenfalls von einer Wutlogik aufrechterhalten und genährt, bis man nur noch Negatives an der Person finden kann. Demselben Prinzip folgend, funktioniert der unterschwellige Aggressions-Attraktor, der durch einen einzigen kognitiven Reiz im Alltag – etwa in einer Verkaufssituation – einen bösen Wortwechsel auslösen kann. Der Disput findet auf der Sachebene statt, obwohl das eigentliche Problem in den verschiedenen selbstverständlich gewordenen affektlogischen Verknüpfungen der Fakten besteht.

Aggressive Fühl-, Denk- und Verhaltensmuster, so seltsam sie auch scheinen, können durchaus auch sinnvoll sein. Sie gelten der Verteidigung der eigenen Identität und schützen vor Verletzungen anderer. Neben der mächtigen Zerstörungskraft von Wut können aggressionskonforme FDV-Muster auch konstruktiv der Einhaltung von Grenzen und Strukturen dienen. Daraus schlussfolgert Ciompi, dass es im Sinne der Affektlogik nicht darum gehen kann, *ob*, sondern *wie* (Form und Ausmaß) man aggressiv sein sollte. Ein vorhandenes Aggressivitätsgefühl zu leugnen, wäre eine Illusion mit gefährlichem Ausmaß. An dieser Stelle sei angemerkt, dass eine Vertiefung der pathologischen Ausweitung der FDV- Muster den Rahmen dieser Arbeit sprengen würden (ebd., 183 ff.; Ciompi 2007, 31 ff.).


Trauer und Trauerlogik

Die Funktion der Trauer besteht darin, einen Verlust zu verarbeiten, und sich von innigen Bindungen zu lösen. Die heilende Kraft des Trauerprozesses stellt Shakespeare u.a. im „Titus Andronicus" dar. Nachdem sich die Ereignisse der Aggression blitzartig gegenseitig ablösen, wird das Tempo des Geschehens drastisch gedrosselt und Titus, in seinem Handeln gelähmt, zählt ausführlich die Schicksalsschläge auf, einschließlich des Verlustes seiner Söhne und seiner Tochter. Das Liebste sei ihm genommen worden und der Schmerz sei schlimmer als der Tod. Nach diesem entsetzlichen Leiden gesteht er sich seine Trauer dadurch zu, dass er sie nach Außen trägt und im übertragenen Sinn ausspeit. Er sieht die komplette Welt düster und verbindet die gefärbten kognitiven Inhalte zu einer Logik der Trauer, sodass in seiner Wirklichkeit alle Elemente der Erde seine Trauer widerspiegelt. Danach verspürt Titus eine energiegewinnende Erleichterung, die ihn für die Verteidigung seiner Ehre mobilisiert (Ciompi 2005, 183,188). Die heilende Kraft der ausgedrückten Trauer um seine geliebten Kinder hat eine erlösende Wirkung. Sein Blick ist wieder frei für andere kognitive Inhalte und Denkvorgänge. So ist er imstande den bedrohten Staat zu retten.

Wie bei einem intensiven Liebeskummer ist in der Trauer die Aufmerksamkeit ausschließlich auf kognitive Inhalte im Zusammenhang mit der geliebten Person gerichtet. Zahllose sich ähnelnde Gedanken umkreisen immer wieder dasselbe  Thema und beschreiben auch allgemeinsprachlich („umkreisen") bereits Einzeltrajektorien, die sich zu breiten Verhaltensschienen entwickeln. Die als Attraktor fungierende Eigenwelt der Trauer kann eine Person wochenlang in diesem Gefühlszustand versetzen bis ein Phasenübergang neue Energien freisetzt. (Bei einer pathologischen Trauer kann der Zustand einer schweren Depression oder Melancholie jedoch fortwährend andauern.) Die psychodynamischen Prozesse sind verlangsamt und alles scheint düster und hoffnungslos. Die Logik der Trauer wird deutlich spürbar, wenn man versucht eine Person mit Liebeskummer mit der eigenen Logik – ohne intensiver affektiver Stimmung, mit breitem Aufmerksamkeitsfokus - diplomatisch zu trösten. Es ist schier unmöglich (ebd., 187ff.).

## Freude, Lust- und Liebeslogik

An einem verregneten Nachmittag im Spätherbst saß ein vergnügter Herr in einem Cafe, in Vorfreude auf ein Wiedersehen mit einer bezaubernden jungen Frau. Der Kaffee schmeckte zugegebenermaßen widerlich – wäre er in einem Glas serviert worden, hätte man hindurchsehen können. Es störte ihn nicht. Das Omelette, das er nicht einmal bis zur Hälfte aufaß, hätte selbst er besser hinbekommen. Als die flinke und zuvorkommende Bedienung sich danach erkundigte, ob ihm das Essen nicht geschmeckt habe, flunkerte er zu seiner eigenen Überraschung: „Alles gut, danke. Ich hatte keinen großen Hunger" und gab ihr ein großzügiges Trinkgeld. Er hatte ein gutes Gefühl. Überall, wo er hinsah, ob es die laut spielenden Kinder waren, die damit beschäftigt waren im Nieselregen ihre Schirme auf- und zuzuklappen oder die alte Dame, die mit ihrem Hund vorbeiging, schaute er in vermeintlich freundliche Gesichter. Ein Blick auf die Uhr verriet ihm, dass das Wiedersehen kurz bevorstand.

Stellvertretend für viele andere Beispiele zeigt die skizzierte Szene, welche Wirkung eine freudige Grundstimmung auf alles hat, was einem begegnet. Sie zeichnet die Umgebung zu einem schönen Ganzen. Sogar scheinbar negative kognitive Inhalte, wie der schlechte Kaffee, lärmende Kinder, die Passanten mit ihren Regenschirmen nassspritzen, werden positiv gefärbt. Das logische Schema, das hier die Wahrnehmung und das Verhalten steuert, ist die offene Bewegung des „Hin-zu" und dasjenige der Bindung und des Zusammenseins. Der Aufmerksamkeitswinkel ist weit und flexibel, das Denken schöpferisch und die Erinnerungen an ähnlich positive Momente werden reaktiviert. So kommt es, dass der Wein in einer Urlaubssituation viel besser schmeckt als zu Hause. Während eines gemeinsamen Familienausflugs im Wald werden fröhliche Momente geteilt und Erinnerungen an ähnlich lustige Begebenheiten wachgerufen. Die affektkonforme Eigenwelt klammert nicht passende Inhalte, wie das an den Bäumen zu erkennende Waldsterben oder den Autobahnlärm, aus. Es ergibt sich ein Kreislauf der sich wechselseitig beeinflussenden affektiv-kognitiven Komponenten, sodass man teilweise nicht mehr auseinanderhalten, kann, ob eine positive Wahrnehmung die bereits vorhandene Grundstimmung verstärkt oder sie einfach nur durch den Affekt gefärbt ist (ebd., 191ff.). Die Logik der Freude folgt ebenso Fraktalgesetzen, denn sie generiert sich ständig selbstähnlich neu.

## Interessen- und Alltagslogik

Wenn die Stimmungslage weder angst-, noch wut- oder trauerdominiert ist, befindet man sich in der gefühlsschwächeren Logik des Alltags. Im routinierten Alltag sind jegliche kognitiven Netze und Verbindungen, die eine Person sich im Laufe seines Lebens angeeignet hat, normalerweise jederzeit automatisch zugänglich. Je dichter und intensiver die einzelnen Verbindungen sind, desto automatisierter und unbewusster laufen kontextbezogene Fühl-, Denk- und Verhaltensmuster ab und desto weniger emotionale Energie wird benötigt, um sie auszuführen. Aufgrund einer Menge gut ausgebauter FDV-Wege des Alltags können auftretende psychische Spannungen mit wenig energetischem Aufwand wieder auf ein Basisniveau reguliert werden. FDV-Wege des Alltags betreffen die Tätigkeiten des Berufs, der Freizeit und allgemeine gesellschaftsspezifische Handlungen sowie der Umgang mit Hiobsbotschaften, Misserfolgen oder Erfolgserlebnissen. Vor allem aber betreffen sie soziale Kontakte und jegliche zwischenmenschlichen Beziehungen, die jeweils unterschiedlich affektgebunden sein können. Mit Alltag ist das selbstverständlich Gewordene gemeint, das im Allgemeinen jeder nachvollziehen kann, weil er es selbst erlebt.

Das, was einen im Alltag interessiert, ist weniger leicht greifbar. Innerhalb eines Tages kann sich diesbezüglich Vieles abspielen - die ständigen Gedanken um routinemäßig abgespulten Alltagsthemen, die Fülle an möglichen kognitiven Ablenkungen einschließlich der dazugehörigen FDV-Muster und der permanente Wechsel von affektschwachen und affektintensiven Stimmungen mit seinem unbändigen Auftreten und seiner anschließenden Abschwächung. Der scheinbar unspezifische Affekt des Interesses äußert sich auf körperlicher Ebene energiegewinnend und erweitert Aufmerksamkeit und Bewusstsein. Erfahrungen von Personen, die eine völlig gleichgültige Haltung haben und sich für keinerlei Tätigkeiten interessieren, zeigen, dass oft nur ein ganz bestimmter kognitiver Reiz eine Person aus ihrer Lethargie hervorholen kann: ein Reiz, der zu einem früheren Zeitpunkt ihres Lebens mit Affektinteresse einherging. Das kann ein Ort sein, der an die angenehme Kindheit oder die Wesensart einer neuen Bekanntschaft, die an eine enge Bindung zu einem befreundeten Menschen.

Die Beschreibung, wie sich einzelne FDV bilden, verdeutlicht den wesentlichen Faktor der Zeit. Nur durch unzählige sich wiederholende Fühl-, Denk- und Verhaltenstrajektorien, entstehen unter den Operatorwirkungen der Affekte immer vielfältigere und „ausgewalzte" affektiv-kognitive Schienen, die sich zu einheitlichen Denkwelten oder Mentalitäten verfestigen- wobei neben des dominierenden Affekts unterschwellig auch noch andere Gefühle – z.B. Bei Liebeskummer Wut oder Misstrauen in der Angst – eine Rolle spielen. Diese verschiedenen Affektmischungen („Gefühle in Gefühl in Gefühl") geben dem Affektattraktor eine realitätsnahe Komponente und bestätigen die Fraktalität von affektiv-kognitiven Prozessen („Struktur in Struktur in Struktur"). Da man sich jedoch nicht simultan in mehreren dominanten affektiven Stimmungen befinden kann - genauso wenig wie man sich auf zwei kognitive Inhalte gleichzeitig konzentrieren kann - wirken gerade scheinbar unvereinbare Mischgefühle nicht zusammen, sondern treten nacheinander in schnellem Wechsel in Erscheinung.

Die wahrgenommene Wirklichkeit ist durch die Wirkungsweise der affektiv-kognitiven Schienen immer emotional gefärbt. Dabei können grob zwei entgegengesetzte Richtungen eingeschlagen werden: Einerseits die eher positiv empfundenen Gefühle wie Freude, Lust und Liebe, die eine „entspannte Zuwendung" (Hin-zu), und andererseits die freudlosen Gefühle wie Wut, Trauer und Angst, die eine „spannungsvollen Abwendung" (weg-von) hervorrufen. Zu betonen ist abschließend, dass affektiv-kognitive Eigenwelten aus einer Vielzahl an formallogischen Verknüpfungen resultieren. Es handelt sich bei affektiv-kognitiven Schienen also um eine prozesshafte affektgeleitete Auswahl und Bewertung von kognitiven Inhalten zu einer logischen Gesetzmäßigkeit, deren roter Faden prinzipiell folgerichtig sein mag.

## 3.5 Praktische Konsequenzen der Affektlogik

„Better to be without logic than without feeling."
(Charlotte Brontë)

Wie in den einleitenden Worten erwähnt, vereint die Theorie der Affektlogik viele bereits bekannte Phänomene psychosozialer Art. Basierend auf innerpsychischen, biologischen und sozialen Prozessen, ist die Theorie ein psycho-sozio-biologisches Konzept, das die emotionalen Befindlichkeiten in jegliche psychische Vorgänge integriert. Auf der Grundlage dieser Erkenntnisse ließen sich soziale Konflikte sowie plötzliche Gewaltausbrüche besser nachvollziehen. Geht man davon aus, dass emotionale Zustände gerichtete Energien darstellen entsprechend erwidert werden können, wird die Energiequelle deutlich – der Affekt. Soziale Konflikte ergeben sich aus der Konfrontation zweier divergierender Eigenwelten. Plötzliche unerwartete Veränderungen in ein anderes Funktionsmuster, innerhalb einer Auseinandersetzung oder einer Verhaltensweise lassen sich aus chaostheoretischer Sicht erklären und entstehen wenn der kritische Punkt erreicht ist, d.h. die zugeführten Energien nicht mehr ausweichen können als Phasenübergang. Es genügt dann die kleinste Ursache, um die Explosion auszulösen. Ciompi beschreibt die Operatorwirkung der Affekte auf das Verhalten von Einzelpersonen und deren Interaktion mit einer anderen. Die sich daraus ableitbaren Konsequenzen für das familiäre und berufliche Leben wird nachfolgend aufgezeigt. Die kollektive Wirkung bleibt im Kontext dieser Ausarbeitung außen vor (vgl. Ciompi 2007, 36ff.).

### 3.5.1 Ableitbare Regeln der Affektlogik

"Emotion creates reality, reality demands action."
(Brian Eno)

Der Anwendungsbereich der Affektlogik dehnt sich auf alle Situationen aus, in denen affektiv-kognitive Mechanismen wirken. Das praktische Ziel der Affektlogik besteht vornehmlich darin, eine verstehende Haltung bezüglich der emotionalen Grundlagen des Denkens und Verhaltens zu entwickeln. Erst, wenn man in einer Konfliktsituation imstande ist, die Logik der Eigenwelt des Gegenübers nachzuvollziehen, können die Energien (Affekte =

richtungsweisende Energien) eine spannungsauflösende Richtung annehmen. Ciompi leitet seine Regeln aus der Arbeit mit psychisch kranken Menschen ab. Da aber das Wirken der komplex hierarchisierten FDV-Programme die Bausteine der Psyche darstellen, könnte man fehlgeleiteten oder dem kritischen Punkt nähernden Prozessen eine Art Störung zuschreiben. Auch, wenn, wie im Fall der oben beschriebenen alten Dame, keine neurotische Erkrankung vorlag, war doch durch ihre situationsbedingte Angst ihre Lebensqualität sehr eingeschränkt. Die Grundsätze gelten also ebenso für den therapeutischen Bereich ohne psychische Erkrankung (vgl. Ciompi 2005, 299 ff.).

- Jede (Psycho-) Therapie ist vorrangig eine emotionale Begegnung zwischen mindestens zwei Personen. Von entscheidender Bedeutung für einen erfolgreichen Therapieablauf sind die „Fundamentalbotschaften", d.h. die gegenseitigen emotionalen Einstellungen. Sie sollten beobachtet werden und können auch Gegenstand der gemeinsamen therapeutischen Arbeit sein.
- Da eine Veränderung des Denkens und Verhaltens obligat mit einer Veränderung der Affekte einhergeht, müssen bei jeder (Psycho-) Therapie die Emotionen der erste Ansatzpunkt sein – mit besonderem Fokus auf die Angst. Das am besten ausgefeilte Heilungskonzept ist ohne eine stimmige Grundatmosphäre von geringem nachhaltigem Nutzen.
- Menschen, deren Schwierigkeiten ihre Ursache in psychischen Prozessen (betrifft auch die ausgeprägte Affektlogik) haben, bedürfen eines therapeutischen Umgangs, der sie emotional entspannt. Ein fordernder Umgang würde ihr FDV-Muster mit mehr Spannung versorgen und nur noch vertiefen. Die Lösung von Gefühlen der Angst, Wut und Trauer soll zielführend sein.


Zweifellos müssen in der therapeutischen Arbeit auch kognitive Informationen vermittelt und umgesetzt werden. Kognitive Inhalte sind jedoch stets affektiv gefärbt und können jeweils nur in bestimmten Stimmungen empfangen werden. Die Aufnahme der Information in das eigene Fühl-, Denk- und Verhaltensmuster ist im Wesentlichen von der affektiven Besetzung des Inhalts, bzw. von den affekt-kognitiven Strukturen abhängig (s.a.

Kap.4). Die effektive Vermittlung von kognitiven Inhalten zwischen Personen ist daher am produktivsten, wenn die Grundstimmung bei beiden gleich oder zumindest ähnlich ist. Die sprichwörtliche „Wellenlänge" betrifft im sozialen Austausch vornehmlich die Affekte. Ein wütender Mensch nimmt die kognitiven Informationen eines Gleichgestimmten (oder eines Menschen, der die Wut gut nachvollziehen kann) offensichtlich viel besser auf. Wenn beispielsweise einer ängstlichen Person in einem eher weniger verständnisvollen Ton gesagt würde, sie brauche doch keine Angst zu haben, da ihr keiner etwas antue, wird der eigentliche Gehalt der Information nicht zu ihr hindurchdringen. Die Entgegnung: „Ich weiß nicht, wie ich an deiner Stelle reagieren würde. Vielleicht hätte ich auch Angst. Kommt das Gefühl nur in bestimmten Situationen vor?" würde aber eventuell Verständnis für die vorhandene Angstlogik („an deiner Stelle") implizieren. Diese Vorgehensweise ist ein Beispiel dafür, dass ein emotionales Einstimmen die Voraussetzung für eine Veränderung des Denkens und Verhaltens ist. Dadurch würden eventuell andere Erlebnisse, die in dem Angstgefühl erlebt wurden, reaktiviert, sodass es zunächst zu einer emotionalen „Aufheizung" kommen mag. Wenn also in einem Therapieprozess nach und nach der neue kognitive, bisher negativ gefärbte Inhalt durch eine positive Besetzung ersetzt würde, könnten diese nun mit positiven Gefühlen einhergehenden Kognitionen und/oder mit anderen Elementen, die in der gleichen Stimmung erlebt wurden zu einer größeren Einheit verknüpft und den Beginn einer neuen Eigenwelt bilden. Solch umfassenden Veränderungen erfolgen also in erster Linie nach „globalen affektiven Umstimmungen" (Ciompi 1987, 303) und veränderter Kontrollparameter. Der bedeutendste Kontrollparameter ist die emotionale Spannung. Aus chaostheoretischer Perspektive muss der Kontrollparameter, der an den Phasensprüngen in gewalttätiges oder depressives Verhalten maßgeblich beteiligt ist, so optimiert werden, dass eine Umkehr in ausgeglichene FDV-Muster möglich ist.

In einer therapeutischen Situation könnte das folgendermaßen aussehen: Der Therapeut lässt sich selbst auf die kognitive Eigenwelt und momentane Stimmungslage des Patienten ein und lässt sich absichtlich anstecken, damit von einer gleichen, möglichst stabilen Verständnis-Basis aus Inhalte vermittelt werden können. Der Therapeut schließt sich dann dem FDV-Muster des Patienten an, bestärkt, besänftigt und bringt neue affektkonforme Informationen ein um  mit der Zeit dadurch Veränderungen zu erreichen.

Wenn man in Betracht zieht, dass Emotionen nicht nur im Kopf, sondern auch im ganzen Körper stattfinden, dann leuchtet ein, weshalb nicht nur gemeinsames Reden, sondern auch gemeinsame sportliche oder handwerkliche Tätigkeiten einen günstigen Rahmen für effektive therapeutische Kommunikation bieten können (vgl. Ciompi 2005, 299ff.; Ciompi 2007, 43f.).

### 3.5.1.1 Soteria

Die Umsetzung dieser Leitlinien findet in einer von Ciompi ins Leben gerufenen Einrichtung für an Schizophrenie erkrankten Patienten statt: Soteria. Patienten, die an Schizophrenie leiden, kämpfen in erster Linie mit ihrer offenen oder verdeckten Angst. Ihre Psyche ist auf krankhafte Weise verändert, welches wiederum ihren Bewusstseinszustand beeinträchtigt. Die extreme Polarität von Wahrnehmung und Kognition ist unter Psychosen selbstverständlich um ein Vielfaches ausgeprägter als bei Personen ohne psychische Erkrankung; daher auch ein speziell entwickeltes FDV-Programm, auf deren näherer Erläuterung an dieser Stelle verzichtet werden muss – ohnehin zeichnen sich diese Programme aufgrund der Selbstähnlichkeit im Wesentlichen durch die Intensität ihrer Ausprägungen aus... Die heftigen Gefühle der Angst gehen mit enormen Spannungen einher und müssten, nach Ciompi, zwingend verringert und möglichst gelöst werden. In Soteria geschieht dies in einem Milieu der emotionalen Entspannung. Herkömmliche Behandlungsverfahren basieren meist auf die Verabreichung hochdosierter Neuroleptika. Die Patienten leiden unter den immensen Nebenwirkungen und sind trotz eines oft apathischen Zustandes keineswegs in einer emotional entspannten Gemütsverfassung. Im Gegenteil, die Spannung ist erhöht und Heilung weniger möglich.

Im Gegensatz zu einer stigmatisierten geschlossenen psychiatrischen Klinik ist Soteria ein gemütliches, überschaubares Wohnhaus. Im Prinzip funktioniert es wie in einer Wohngemeinschaft. Das Betreuungsteam steht für längere Gespräche zur Verfügung, begegnet den Bewohnern jedoch auf Augenhöhe. Jedem Patienten stehen zwei verschiedengeschlechtliche Bezugspersonen, vorzugsweise nach gegenseitiger Affinität, zur Verfügung Die Atmosphäre ist offen und vertrauensvoll, da die Therapie in erster Linie darin besteht, den Alltag gemeinsam zu bewältigen und in der Kommunikation mit vertrauten empathischen Menschen, die rund um die Uhr ansprechbar sind, Sicherheit in einer vertrauensvollen therapeutischen Beziehung zu finden. Über 48 Stunden sind jeweils zwei Betreuer als Begleiter Teil der Wohngemeinschaft. Gemeinsam können neue und gesunde Fühl-, Denk- und Verhaltensmuster aufgebaut werden. Die Hauptaufgabe der ständigen Begleiter besteht darin, langsam aber nachhaltig

> „den Kranken zu beruhigen, zu entspannen und zugleich vor selbst- oder fremd-
> zerstörerischen Impulsen zu schützen – nicht in erster Linie mit Medikamenten,
> sondern mit Gesprächen, mit schweigendem und verständigem ‚Dabeisein' [...]
> mit Schwatzen, essen und gewöhnlichem Zusammensein [...]" (Ciompi 2005,
> 296).

Die Therapie findet sozusagen im Alltag, *in vivo*, statt. Einmal in vier Wochen gibt es eine intensivere Therapieeinheit, die der Wiederherstellung des gemeinsamen Realitätsbezuges dient und in der Problembearbeitung, sowie eine stufenweise soziale und berufliche Wiedereingliederung thematisiert wird. Außerdem tragen sowohl externe Nachbetreuungen als auch die Möglichkeit, jederzeit das Haus zu besuchen, zum außergewöhnlichen Erfolg bei (siehe auch www.ciompi.com/de/soteria.html).

Schlussendlich haben die betreuenden Personen einen aktiven Anteil am Leben der Patienten und durch die gemeinsame affektive Stimmung können Menschen mit krankhaften FDV-Mustern allmählich in alltagstaugliche Verhaltensmuster eingegliedert werden. Die Ergebnisse und Konzeptübernahmen auch in Deutschland bestätigen den zwar enorm betreuungsintensiven aber erfolgreichen Ansatz[18] (vgl. Ciompi 2005, 295ff.).

---

[18] Die genauen Forschungsresultate der letzten zehn Jahre Soteria-Studie sind auf der homepage www.soteria-netzwerk.de nachzulesen

## 3.5.1.2 Affektlogik und soziale Interaktion

Nicht zuletzt finden die Erkenntnisse der fraktalen Affektlogik auch besonders dort ihre Anwendung, wo Kommunikation wichtig ist. Da die Operatorwirkungen der Gefühle immer wirksam sind, ist somit die zwischenmensch-
liche Kommunikation permanent affektiv gefärbt. Äußerst bedeutend ist der
gelassene, ungeduldige oder freudige Unterton einer Kommunikation.
Wenn die emotionale Färbung des kognitiven Inhalts konform ist mit der
des Zuhörers, besteht eine gesteigerte Wahrscheinlichkeit, dass die inten-
dierte Botschaft ankommt. Sprechen im Dialog bedeutet handeln. Nach Ciompi ist ein kooperatives Handeln ohne ein Mindestmaß an gemeinsamen
positiven Gefühlen kaum möglich. Möchte man also, dass die Fundamentalbotschaften hinter den Aussagen in einer Kommunikation beim Gegenüber ankommen, muss auf ein Mindestmaß an Übereinstimmung der Gefühle beider Gesprächspartner geachtet werden. Diese Fundamentalbotschaften verraten, ob der Kommunikationspartner einem wohlgesonnen ist,
wie er das bewertet, was er hört und sie entscheiden hauptsächlich darüber, was künftig zwischen zwei Menschen geschieht.

Von enormer Bedeutung ist dieser Aspekt der affektiven Fundamentalbot-
schaft auch in der pädagogischen Situation. Die wichtigste Botschaft, die
ein Lernender erhalten kann, besteht in der Anerkennung und Achtung seiner Person. Wenn ein Pädagoge sich selbst und seinem ‚Schüler' gegenüber eine positive Grundhaltung hat, wird sich diese auch in seiner Körperhaltung, in seinem Verhalten und anderen non-verbalen Signalen zeigen.
Besonders in asymmetrischen Beziehungen sind die Botschaften hinter
dem Gesagten wichtiger als jegliche (Dialog-) Technik (vgl. Ciompi 2001,
3ff.).

Abschließend sei erwähnt, dass das, was man in der Welt sieht, einschließlich einem selbst, abhängig davon ist, ob man liebend, wütend, ängstlich,
zuversichtlich oder friedlich gestimmt ist. Denn in „ein und derselben Wirklichkeit" wählt man die relevanten Fakten grundlegend anders aus, bewertet
sie anders und verknüpft sie somit zu einer anderen Logik, wenn man sie in
verschiedener affektiver Stimmung betrachtet.

# 4. Die Integrative Stottertherapie aus Sicht der fraktalen Affektlogik

„Der Wissenschaftler findet seine Belohnung in dem, was Poincaré die Freude am Verstehen nennt, nicht in den Anwendungsmöglichkeiten seiner Erfindung."
(Albert Einstein)

Im zweiten Kapitel wurde begründet, weshalb Bindel (1987) Stottern als dialogische Fehlentwicklung bezeichnet. Kapitel drei stellte unter anderem heraus, dass jede Art von Kommunikation aus affektiv-kognitiven Wechselwirkungen besteht. In der folgenden Untersuchung soll das Konzept der integrativen Stottertherapie aus der Perspektive der fraktalen Affektlogik beleuchtet werden.

Aus affektlogischer-chaostheoretischer Sicht besteht zwischen „normalen", „alltäglichen" affektiv-kognitiven Funktionssystemen und „abnormen", oder „krankhaften" Systemen kein struktureller Unterschied (vorausgesetzt die Verbindungen zwischen affekt- und kognitionssteuernden Areale des Gehirns sind nicht geschädigt oder zerstört – und selbst dann könnten sie vermutlich einer eigenen Logik folgen, vgl. Ciompi 2005, 209f.). In Funktionssystemen beider Art handelt es sich um dissipative Strukturen, die als Attraktoren agieren, weil die zur Verfügung stehenden Energien – die affektbedingten Spannungen – ökonomischen Verteilungsmustern folgen und diese auf (affekt-)relevante kognitive Inhalte zerstreuen. Der im Volksmund benutzte Begriff des „Verrücktseins" drückt eigentlich aus, was „pathologische" Funktionsweisen auszeichnen:

> „nämlich eine sinnverrückende Verschiebung aller gewohnten Relationen zwischen affektiven und kognitiven Elementen, entstanden in der Regel durch ein relatives Übergewicht bestimmter Affekte, beziehungsweise affektiv-kognitiver Verbindungen" (Ciompi 2005, 210).

Nach der Gesetzmäßigkeit der Fraktalität sind solche Verrückungen auch in alltäglichen Funktionsmustern vorhanden. In solch einer temporären Verrückung befindet sich zum Beispiel eine verliebte Person oder eine, die sich in einem Zustand rasender Eifersucht befindet. Die selbstähnliche Gültigkeit trifft m. E. auch auf die psychoreaktiven Symptome des Phänomens Stottern zu. Wenn man die oben erwähnte alte Dame in Erinnerung ruft, fällt auf, dass ihre Angst zwar situativ war – also vom Pathologischen abzugrenzen – aber ihr nächtliches Leben, und später daraus resultierend auch das tägliche, dennoch insofern beeinträchtigt, als dass sie keine Ruhe fand und ihr Verhalten bereits zwanghafte Züge annahm. Genau in diesem Grenzbereich knüpfen die affektiven Stimmungen, in denen Stottermomente für die Betroffenen absehbar werden, an. Im Kontext einer dialogischen Kommunikation fühlen sich stotternde Personen, wie in Kapitel zwei beschrieben, hilflos und ausgeliefert, sodass oft ein angstdominierender Affekt die abgrenzende Bewegung des „weg-von" auslöst und erlernte Vermeidungs- oder Bewältigungsstrategien (FDV-Muster) mobilisiert. Diese Kontrolloperationen bedeuten innerhalb des FDV-Programms, über den Weg mit dem geringsten energetischen Aufwand wieder ins Fließgleichgewicht (nach Ciompi identisch mit einer „dissipativen Struktur", 2005, 210) zu kommen.

## 4.1 Mögliche affektlogische Erklärungen der integrativen Stottertherapie

Neben der Stabilisierung alter FDV-Muster gibt es ebenso, wie die abgeleiteten Regeln der Affektlogik zeigen, kognitive Inhalte, die in einem kritischen Moment einen Übergang in eine neue dissipative Struktur entweder in eine bedrohlichere oder in eine leichtere Störungsphase der Redeunflüssigkeit auslösen. Die Zuspitzung der Problematik oder gar eine Eskalierung durch eine Komorbidität würde, bezogen auf die ICF-Faktoren Aktivität und Partizipation, eine qualitative und/oder quantitative Zunahme der Stottermomente beinhalten und somit eine noch geringere Teilhabe an der Gesellschaft zur Folge haben. Die integrative Stottertherapie intendiert eine rückläufige Entwicklung der Störung, also das Erlernen neuer FDV-Muster. Kognitive Inhalte, die bislang unangenehme Affekte evoziert haben, sollen emotional umgepolt werden. Anfangs beinhaltet diese Entwicklung einen erheblichen energetischen Mehraufwand, der jedoch langfristig gesehen zu einer ausgeglichenen kontrollierbaren Kommunikationsfähigkeit ohne lebensqualitätsmindernde psychoreaktive Ängste führt. Wie das integrative

Konzept nach Bindel aus affektlogischer Sicht aussehen kann, wird an vier ausgewählten Bereichen nachfolgend geschildert.

## 4.1.1 Die Entwicklung der Stotterereignisse aus chaostheoretischer Sicht

Der Wirtschaftspsychologe Höger erklärt, dass gestörte mentale Steuer- und Regulierungsprozesse chaostheoretisch analysiert werden können; er setzt sprachpsychologische Untersuchungsergebnisse zu Stottern in Beziehung zu chaostheoretischen Funktionsweisen. Höger argumentiert wie folgt: Die Redeweise eines Stotternden ist durch Wiederholungen und Dehnungen gekennzeichnet. 90% der Stotterereignisse treten am Wortanfang auf. Am meisten betroffen sind Wörter, die mit einem Konsonanten beginnen und die Satzanfänge. Kognitionspsychologisch gesehen, wirken beim Sprechakt die Motorik der Artikulationsmuskulatur und die Verarbeitung der sensomotorischen Rückkoppelung zusammen. Die Zeitdimension ist hier äußerst kritisch und sensitiv. Sekundenschnell müssen diese beiden Prozesse miteinander kooperieren, um fließendes Sprechen zu gewährleisten. Höger folgert, dass die Stotterproblematik durch kollektives rhythmisches Sprechen gemildert werden könne, da Untersuchungen die durch getaktetes Sprechen entstehende zeitliche Entzerrung als gelungene Kompensationsmöglichkeit bestätigen. Bei genauer Betrachtung der phonetischen Merkmale stotternden Sprechens, kann eine Parallele zwischen den Repetitionen der Silben und der Entwicklung dynamischer Prozesse ins chaotische unberechenbare Verhalten gezogen werden. Wenn man den Verlauf des rhythmischen Verhaltens zu Beginn der Störung und in fortgeschrittenem Stadium analysiert, entdeckt man eine Veränderung (mit Phasenübergängen/Bifurkationen) in immer unregelmäßigere Strukturen. Bei erwachsenen Stotternden sind schließlich chaotische unregelmäßige und arhythmische Silben- oder Lautwiederholungen zu beobachten. Dieser Prozess ist vergleichbar mit den iterativen zeitlichen Schwankungen in dynamischen Systemen, die ein völliges Abgleiten ins Unberechenbare vorhersagen. Fasst man die Stottersymptomatik als Resultat gestörter mentaler Steuerprozesse auf, müsste folglich eine Therapie, sowie jede weitere Forschung auf dem Gebiet, sich auf die Übergänge von rhythmischen Repetitionen der Silben und Laute zu den arrhythmischen Wiederholungen konzentrieren. Ein primäres Therapieziel bestünde, laut Höger, möglicherweise darin, einer stotternden Person zu helfen, ihr Sprechverhalten vom chaotischen Bereich wieder in den Bereich der „periodischen Oszillation" zu bringen. Vermutlich sei die positive Resonanz in Momenten rhythmischen Sprechens des Stotternden durch die Rückversetzung in leichtere Stottersymptome zu erklären (Höger 1992, 223ff.).

Im Sinn der integrativen Stotter-Therapie würde die von Höger vorgeschlagene direkte Methode der Sprachmodifizierung gegebenenfalls schnelle Erfolge zeigen. Sobald aber die gefürchtete, alltägliche Situation der Kommunikation mit fremden oder      „gefürchteten" Personen wieder eintritt, bleiben die Operatorwirkungen der Affekte nicht aus. Affektgefärbte kognitive Inhalte, die die FDV-Muster der Vermeidung oder der Bewältigung auslösen, könnten nicht ausschließlich durch direkte Bearbeitung des Sprechens und Stotterns ihre Wirkung verlieren. Solche rein direkt ausgerichteten Therapien verfolgen das Ziel einer spontanen oder kontrollierten Sprechflüssigkeit. Da die Problematik des Stotterns, wie in Kapitel zwei herausgearbeitet, jedoch psychoreaktiv ist, richtet sich der Therapieinhalt primär nach der Bewältigung der Angst vor der Blockierung aus (vgl. Bindel 1987, 98). Auch aus affektlogischer Sicht gehört meines Erachtens dazu, akustische Unregelmäßigkeiten zu würdigen. Denn ein Umlernen der eingefahrenen Muster erfordert in erster Linie Zeit, Verständnis des Gegenübers und Vertrauen (s.a. 4.1.2) - Eine Erwartungshaltung zu flüssigem Sprechen wäre kontraproduktiv. Denn selbst, wenn nicht verbal eingefordert, würde eine solche Haltung die FDV-Muster des Betroffenen nur noch mit mehr Spannung versorgen und vertiefen. Die Lösung von Gefühlen der Angst oder ähnlich bedrückenden Gefühlen soll zielführend sein.

Das Hauptziel der integrativen Stotter-Therapie nach Bindel besteht zwar im Abbau der Angst vor Blockierungen, schließt jedoch den Einbezug direkter Sprachmodifizierung, wie Höger sie vorschlägt, nicht aus.

Anschließend an Högers Überlegungen zur chaostheoretischen Sicht auf die Problematik werden seine punktuellen Ausführungen der kritischen

Phasenübergänge in den systematischen Entwicklungsverlauf des Stotterns nach Bindel eingebettet. Aus einer anfänglichen Sprechunsicherheit bildet sich eine offene Sprechauffälligkeit mit übermäßig vielen Wiederholungen von Satzteilen, Wörtern und Interjektionen. Darauf folgen Silbenwiederholungen, deren Phasenübergänge Höger als zunächst periodisch und rhythmisch beschreibt, dann aber an einem kritischen Punkt in oszillierende, arrhythmische Repetitionen von Silben übergeht. Diese bereits unkontrollier- und unberechenbaren Stottermomente könnten als  Vorboten für das Abgleiten in das völlige Chaos interpretiert werden. Der Stotternde verbringt die Zeit, in der er seine Aussage strukturiert, in einer völlig chaotischen, unkontrollierbaren Verspannung. Bei weiteren Versuchen, besser zu sprechen, kommt es, wie in anderen dynamischen Systemen auch, zum besagten kritischen Punkt und zum Phasenübergang. Die dissipative Struktur der Blockierungen kann entweder in eine Blockierungsverlagerung oder –vermeidung übergehen. Ersteres geschieht dadurch, dass mit vermehrter Anstrengung und „mit Gewalt" gegen die Blockierung angegangen wird – welches in komplexen Verkrampfungen resultiert, die alle Sprechmuskeln betreffen und eine Artikulation oft gänzlich unmöglich machen. Beim letzteren tritt ein resigniertes, jedoch nicht minder anstrengendes Verhalten ein – eine völlige Vermeidung der Sprechsituation oder der Einsatz eines raffinierten Kompensationsrepertoirs. Bei jedem einzelnen Phasenübergang werden, laut Bindel, die Symptome einer dissipativen Struktur durch die der anderen ersetzt. Die Ängste jedoch summieren sich (Angst vor der Sprechpause, Angst vor Sprechfehlern, Angst vor Blockierungen). Affektlogisch betrachtet, handelt es sich hier um FDV-Muster, die in jeder Phase durch einen Angstaffekt gesteuert wird und sich nach jeder affektiv-kognitiven Wechselwirkung vertieft. Im Stadium der Angst vor Sprechfehlern werden bei einem entsprechenden kognitiven Inhalt – beispielsweise die Situation der in der Einleitung erwähnten Schülerin, die vom Lehrer aufgerufen wird - sämtliche affektkonforme Momente aus dem Gedächtnis abgerufen. Außerdem bewirken die Operatorwirkungen, dass sich die Aufmerksamkeit auf angstbegünstigende Aspekte (Blicke der anderen Schüler) fokussiert sowie eine bremsende Wirkung verursacht (weg-von). Bindel setzt also mit seiner Therapie direkt an dem Übergang ins völlig chaotische an und erzielt durch den Abbau der Angst vor den Anfangsblockierungen einen ersten Schritt, den Attraktor zu wechseln. Die individuellen Kontrollparameter werden in der Anamnese und im Gespräch ausführlich analysiert. So können mit der Zeit neue Ordnungsparameter entstehen – z.B. aus der fixen Idee „Alle Menschen lachen innerlich über mich" und „Ich bin unfähig zu kommunizieren" hin zu Parametern wie „Ich akzeptiere mich wie ich bin" und „Es ist nicht schlimm, wenn ich mal nicht flüssig spreche". Auf jeden Fall muss die intensive Spannung der Angst reduziert werden, damit an einem neuen Fühl-, Denk- und Verhaltensmuster gearbeitet werden kann. Im Anschluss an eine denkbare chaostheoretische Perspektive der Stottereignisse, folgen affektlogische Überlegungen zur dialogischen Restrukturierung im integrativen Therapiekonzept.

## 4.1.2 Therapeutische Voraussetzungen aus affektlogischer Sicht

Die Theorie der Affektlogik dient, wie oben erwähnt, in erster Linie einem besseren Verständnis der emotionalen Grundlagen des Fühlens-Denkens-Handelns. Wenn man dabei bedenkt, dass der therapeutische Erfolg des Umlernens von FDV-Mustern von der Therapeuten-Patienten-Beziehung abhängig ist, gewinnt dieses Verständnis an enormen praktischen Wert.

Gefühle haben immer auch eine physiologische Auswirkung, sind also psychosomatisch. Die biologischen Grundlagen der Affektlogik haben gezeigt, dass sämtliche eingehenden sensorischen Reize eine emotionale Färbung besitzen. Über eine weitere Verbindung zu den motorischen Rindenregionen und den anliegenden Hormonregulationszentren nimmt das emotionsregulierende limbische System Einfluss auf den vegetativen Apparat. Somit sind alle Organe davon betroffen. Die enge Wechselwirkung zwischen Affekt und Kognition findet sich also ebenso zwischen „der affektiven Stimmung und dem ganzen peripheren Körper mit Einschluss von sensorischen Funktionen und Psychomotorik" wieder (Ciompi 2005, 55; vgl. ebd., 55). Unter der Voraussetzung dieser Fakten nimmt eine stotternde Person wahr, ob der Therapeut ihr gegenüber eine verständnisvolle oder fordernde Haltung einnimmt. Unter Berücksichtigung sozialpsychologischer Aspekte (s.a. 2.2.4) und den diesbezüglich persönlichen Erlebnissen des Stotternden mit den Reaktionen seiner Umwelt, werden stotternde Personen, ganz im Einklang ihrer erlernten FDV-Muster im ängstlichen Affekt diejenigen kognitiven Inhalte selektieren, die in das Bild ihrer Erfahrungen passen. Demnach werden bereits kleinste Anzeichen von Gleichgültigkeit, Desinteresse oder gar Unverständnis des Gegenübers vom Betroffenen wahrgenommen und können ferner beim entsprechenden Attraktor den sogenannten Schmetterlingseffekt auslösen. Tatsächlich können sensorische Reize auch ohne den Umweg über die Großhirnrinde direkt vom Thalamus zu den Mandelkernen gelangen und ohne die Mitwirkung des Neokortex emotionale Reaktionen auslösen (vgl. ebd., 55).

Eine der ableitbaren Regeln der Affektlogik besteht darin, dass ein Austausch von kognitiven Informationen am besten dann stattfindet, wenn sich zwei Gesprächspartner in einer übereinstimmenden oder zumindest in einer ähnlichen affektiven Stimmung befinden oder sich gegenseitig damit identifizieren können. Wenn Gefühle geteilt werden, hat dies einen gewaltigen Einfluss auf soziale Bindungen (s. 3.5.1). An dieser Stelle tritt der praktische Wert in den Vordergrund. Sobald der Therapeut die „Logik" des stotternden Patienten nachvollzieht, besteht eine hohe Wahrscheinlichkeit, dass ein Mindestmaß an emotionaler Verbundenheit mit dem Stotternden vorliegt. Somit wäre die Grundlage für die Übermittlung therapeutisch relevanter Information gelegt.

So kann ein und dieselbe Information in der entsprechenden Stimmung beim Stotternden ankommen und verarbeitet werden, während sie unter einer fordernden und somit für den Betroffenen negativen Stimmung überhaupt keinen Anklang finden würde. Der erste Ansatz sollte also darin bestehen, den Stotternden in einer positiven Stimmung zu erreichen und sich in sein FDV-Muster hinein zu versetzen. Zusammenfassend kann bezüglich des Therapiebeginns gesagt werden, dass der Stotternde emotional erreicht werden muss, damit von der aktuellen Phase der Symptomatik eine systematische Rückarbeitung in die vorherige Phase – inklusive der Begleitsymptomatik und der Ängste – durchgeführt werden kann.

Bindel verweist daher auf eine notwendige enge Zusammenarbeit von Therapeut und Patient hin, d.h. der Stotternde muss ein umfassendes Bewusstsein dafür entwickeln, welche Prozesse auf dem Gebiet der Artikulationsmuskulatur sowie auf der biopsychosozialen Ebene abspielen und dem Therapeuten Einfühlungsvermögen zutrauen. Dabei ist ein ausgeprägtes Feingefühl von Seiten des Therapeuten erforderlich, denn die kognitiven Inhalte der Behandlung gehen eben oft mit Gefühlen der Angst und Misstrauen einher. Das wiederum hätte den Therapie-Inhalten gegenüber eine distanzierende (weg-von) Wirkung. Daher stellt die positive Bindung zwischen Therapeut und Patient eine Chance dar, den kognitiven Inhalt mit einem gemeinsamen positiven Affekt zu besetzen. Demnach kann die positive Verknüpfung genutzt werden, um weitere ähnliche kognitive Inhalte entsprechend positiv zu färben und - gepaart mit sprachmodifizierenden Methoden, neu erlernten Dialogstrategien und durch ein neues Körperbewusstsein - eine andere „Eigenwelt" zu schaffen; eine Logik, die unter anderem ausdrückt, dass man vor allem der verbalen Interaktion nicht hilflos ausgeliefert ist, sondern selbstbewusst und authentisch mit kommunikativen Situationen umgehen kann.

### 4.1.3 Dialogische Restrukturierung

Nach Bindel sind es immer nur bestimmte Konfliktmomente, die beim Sprechen Ängste auslösen. Völlig konfliktfreie Kommunikation ist kaum möglich, zumal die unzähligen Signale des Gesprächspartners während eines Dialogs nie völlig fehlerfrei interpretiert werden können. Außerdem müssen ständig mentale Neueinstellungen vorgenommen werden, die Verarbeitungszeit kosten. Dabei kann es vereinzelt zu sprachlichen Fehlreaktionen kommen. Normalsprechende sind in der Kommunikation diesen Konfliktsituationen ebenso ausgesetzt, die auch von ihnen eine sofortige Reaktion abverlangen – Fehler kommen auch hier vor. Die Einsicht, dass Fehler dazu gehören und für den Gesprächsverlauf relativ unbedeutend sind, sollte Bestandteil des Therapieplans sein. Der Unterschied zu Normalsprechern, die ihre Emotionen (manchmal blitzschnell) regulieren und sich innerhalb eines Satzes wieder fangen können, besteht eben darin, dass ein bestimmter kognitiver Inhalt zwar einen angstähnlichen Affekt ausgelöst hat, dieser aber kein übergeordnetes ängstliches FDV-Muster in Gang setzt. Es ruft vielmehr ein anderes übergeordnetes FDV-Muster hervor – eines dass vom Gefühl der Zuversicht in die eigenen Fähigkeiten gesteuert wird. Daher können dann auch durch die Operatorwirkungen von „Zuversicht" innerhalb weniger Sekunden entsprechende kognitive Inhalte selektiert werden.

Ein Beispiel soll dies verdeutlichen: Eine Person trifft auf ihren Vorgesetzten und denkt dabei an die dringende Arbeit, die sie noch nicht ganz erledigt hat. Die Erkundigung des Chefs nach dem aktuellen Stand löst bei der Person im ersten Moment eine Art Panik aus. Anfangs ist die Person perplex und in ihrer Rede nicht ganz flüssig, was sie wiederum selbst irritiert. Blitzschnell fragt sie sich, warum sie eigentlich so nervös ist. Ihr wird bewusst, dass sie gut im Zeitplan liegt mit ihrer Arbeit und fühlt sich nicht mehr ängstlich, sondern ist stolz auf ihr gelingendes Projekt. Von nun an übernehmen andere Operatoren das Denken und sie erinnert sich, dass ihr Vorgesetzter wohlwollend ist, und sie ihrem Chef im vergangenen Jahr bereits unzählige Male Bericht erstatten musste – selbst, wenn dieser etwas fordernder war. Die Person kann ihre positiven Erfahrungswerte, die gemeisterten Situationen mit dem Chef, nutzen und schafft es in der erwähnten Ausgangssituation, sich beim Reden wieder zu beruhigen, hebt leicht den Kopf, erwidert selbstbewusst den Blickkontakt und spricht ausgeglichener. Die Handlung und Haltung ist somit kontrolliert.

Stotternde können sich ebenfalls als kompetente Sprecher erleben. Es gibt lediglich bestimmte Kommunikationssituationen oder Gesprächspartner, die ein komplettes FDV-Programm einer Angstlogik auslösen und jeden Versuch, das Sprechen doch noch zu kontrollieren, aus fraktal-affektlogischer Sicht zwangsläufig fehlschlagen lassen. Erschwerend kommt noch hinzu, dass der eigentliche Zweck des sozialen Handelns im Dialog, nämlich beim Zuhörer etwas zu bewirken, auch fehlschlägt. Das gesamte Verhalten richtet sich nach einer Auflösung der Spannung aus und kann sich nur noch vermindert auf den dialogischen Rhythmus, die semantische und syntaktische Expression konzentrieren. Aufgrund der oben beschriebenen affektiv-motorischen Wechselwirkungen kann die Angst auch sämtliche Muskeln des Sprechapparates beeinflussen. Es gilt nach wie vor, die emotionale Spannung durch eine veränderte übergeordnete FDV-Weise zu reduzieren - eine gründliche Veränderung des Denkens und Verhaltens mit gleichzeiti-

ger Senkung des Kontrollparameters der Spannung. Aus chaostheoretischer Perspektive ist der steigende Kontrollparameter der emotionalen
Spannung in psychischen dynamischen Systemen verantwortlich für den
nächsten Phasenübergang. Der Parameter muss demnach so optimiert
werden, dass die Spannungen gelöst werden und die spezifischen Operatorwirkungen der Angst das Verhalten nicht mehr beherrschen.

### 4.1.4 Eine sinnvolle Begleitung aus der Krise des Stotterns

An dieser Stelle sollen das von Ciompi ins Leben gerufene Soteria-Konzept
sowie das von Bindel geleitete Stotter-Camp der Leibniz Universität Hannover, Insitut für Sonderpädagogik, nochmal aufgegriffen werden. Mittlerweile
wird bereits an zahlreichen Kliniken ein Soteria-Projekt durchgeführt. „Das
Haus im Park – Soteria am Klinikum München Ost" ist das größte und wird
seit 2003 durch eine umfassende Begleitforschung ergänzt – vergleichbar
mit der seit 2000 durchgeführten Evaluationsstudie des Stotter-Camps. In
beiden intensivtherapeutischen Maßnahmen steht die subjektive Beurteilung des Patienten im Fokus. Die Behandlung richtet sich nach den Bedürf-
nissen des Patienten. Daher werden Therapieziele in gemeinsamer Erar-
beitung mit den Patienten ausgehandelt. Zur Qualitätssicherung des Konzepts werden Fragebögen zur Selbstbewertung, aber auch zur Beurteilung
der Behandlungsmethoden von den Patienten ausgefüllt.

Bezogen auf den für die Umstimmung eines Fühl-, Denk- und Verhaltens-
musters erforderlichen emotionalen Ansatz, bestehen beide Therapiekonzepte aus einer interdisziplinären Behandlung. Therapeutische Einzel- und
Gruppensitzungen stehen ebenso auf dem Wochenplan wie gemeinschaft-
liche Interaktionen und Angebote z.B. zur darstellenden Kunst. Im Wesentlichen sollen die Patienten in ihrer Krise begleitet und dahingehend unterstützt werden, Kontakte nach außen zu suchen. Stotternden Personen wird
durch das Camp ermöglicht, anstelle von ein oder zwei wöchentlichen The-
rapiesitzungen, gemeinsam in der Gruppe und mit neu gewonnenem
Selbstvertrauen „in-vivo-Erfahrungen" zu sammeln. Für manche Teilnehmer
bedeutet die Bewältigung solcher Situationen die Überwindung der ersten

großen Hürde, aus einer isolierenden Lebensweise auszusteigen. Durch die konstante Begleitung von therapierelevanten Maßnahmen, alltäglichen Tätigkeiten und das positive, mitfühlende Feedback von anderen Teilnehmern kann der Stotternde erleben, wie sich aus dem eigenen angstgesteuerten Sprechverhalten eine neue Kette von emotional entspannten Erfahrungen (FDV-Muster) bilden kann, die für sie bislang unbekannte Entwicklungsmöglichkeiten eröffnet. Die wirksamen Elemente des angstfreien Sprechens sowie die positive, stimulierende Atmosphäre in einem Team von Sprachtherapeuten, Betreuern und Teilnehmern könnten als mögliche Parameter bezeichnet werden. Alle Pädagogen haben einen immensen Einfluss auf diese Parameter, die in einer Intensivtherapie ständig wirken. Mit einer verständnisvollen, toleranten und den Stotternden in seiner gesamten Persönlichkeit achtenden Haltung tragen die betreuenden Personen dazu bei, eine fraktale Affektlogik aufzubauen – eine affektiv positiv gefärbte Einstellung zu bisher angstbesetzten Kommunikationssituationen. Mit stetigem Gebrauch können sich die neuen Trajektorien auf einen anderen Attraktor zubewegen und sich so mit der Zeit zu einer affektiv-kognitiven Eigenwelt entwickeln. Durch die Reduzierung des Spannungsparameters wird also der chaotische Prozess vor dem drohenden Phasenübergang gestoppt und idealer Weise sogar umgekehrt.

Das FDV-Muster von stotternden Jugendlichen und jungen Erwachsenen, die im Camp Hilfe suchen, ist geprägt von Ängsten, die sich innerhalb der einzelnen Phasen der Störung summiert haben und ihr persönliches dialogisches Verhalten steuern. Die Entstehung dieser affektiv-kognitiven Eigenwelten hat sich über viele Jahre selbstorganisatorisch und selbstähnlich konstruiert. Unter dem vorherrschenden Angstaffekt haben Operatorwirkungen die Aufmerksamkeit permanent fokussiert, das Gedächtnis reguliert und das Denken organisiert. Nach den Prämissen der fraktalen Affektlogik ist ein Umbildungsprozess der alten FDV-Programme zu neuen Mustern zwar möglich, erfordert aber ein profundes, stetiges Benutzen und Ausdehnen der erlernten positiven Wege, verknüpft mit einem entsprechend positiven Affekt.

Die Kommunikationsstörung Stottern ist keine psychische Erkrankung, sondern eine psychoreaktive Störung, die sich in bestimmten Situationen in

Form einer Sprechunflüssigkeit bemerkbar macht. Sowohl die Leitlinien als auch die Vorgehensweise des Soteria-Konzepts gelten jedoch prinzipiell für jede Person, deren Fühl-, Denk- und Verhaltensmuster chaotische Züge angenommen hat und deren alltägliches (soziales) Leben durch affektgeleitetes Verhalten und Denken stark beeinträchtigt ist.

Im Stotter-Camp der Leibniz Universität Hannover werden Betroffene ebenfalls in ihrer Not begleitet und darin bestärkt, sich aktiv mit ihrer Stottersymptomatik und dessen Entstehung auseinanderzusetzen. Durch die Vermittlung sinnvoller individuell abgestimmter Hilfsmittel und Bewältigungsstrategien während der zehntägigen Intensivtherapie ist ein Baustein für die Zeit nach dem Camp gelegt. Zusätzlich bekommen die Teilnehmer eine für sie erstellte Übungs-CD mit nach Hause, um sich an gelungene sprachmodifizierende Therapieinhalte immer wieder erinnern und diese gegebenenfalls praktizieren zu können.

Bindel betrachtet den Abbau des Stotterns unter Erregung als äußerst schwierige Aufgabe. Er spricht von Stottererregungsmustern, die unwillkürlich aktiviert werden. Im Alltag sei es zudem nicht möglich, völlig affektfrei zu sein. Hier sieht Bindel auch die Grenzen der individuellen Hilfsmaßnahmen zur sozialen ‚Abhärtung' (s.a. 2.2.2.1). Er schlussfolgert daraus für die Therapie, dass der Stotternde seine Dialogansprüche reduzieren müsse. Daher sollte Stottern nicht vermieden, sondern zugelassen werden. Durch die Erfahrung des „Nicht-Vermeidens" und die Anwendung sprachmodifizierender Techniken kann sich der Betroffene in der Interaktion mit seiner Umwelt anders wahrnehmen und an Selbstvertrauen gewinnen. Zusammen mit einer positiven Resonanz des Dialogpartners könnte diese Tatsache zu einer Lösung muskulärer Verspannungen führen und somit zu einer Verbesserung der Symptomatik. Eine veränderte Einstellung zu Gefühlen der Angst wäre laut Bindel unbedingt nötig, um Sprechkorrekturen ohne Scham vornehmen zu können, denn kognitive Leistungen könnten trotz eines ausgewogenen Maßes an Befürchtungen vollbracht werden.

Aus affektlogischer Sicht werden auch unter großen Befürchtungen und Ängsten kognitive Leistungen vollbracht – nur eben nicht solche, die für die Situation erwünscht sind.

Die einzelnen Schlussfolgerungen, die unter der Fraktalität der Angstlogik gezogen werden, sind nachvollziehbar und beinhalten eine eigene Logik und Ordnung. Eine veränderte Einstellung zu Gefühlen der Angst, kann, gerade im Stotter-Camp, unter Personen, die dem Stotternden gegenüber wohlgesonnen sind, nicht ausschließen, dass im alltäglichen Leben die entsprechenden kognitiven Inhalte die alten Ängste wieder auslösen und die mächtigen, gut eingespielten FDV-Muster das Verhalten, Denken, Erinnern wieder steuern.

Die emotionale Atmosphäre ist laut Ciompi entscheidender für eine nachhaltige Veränderung der FDV-Muster als die Anwendung kognitiver Techniken.

Die Vorbereitung auf ein eigenverantwortliches, selbstbestimmtes Kommunikationsverhalten sowie die Nutzung der persönlichen Ressourcen unter Einbezug der Bezugspersonen werden im Stotter-Camp zwar realisiert, jedoch müsste, in Übereinstimmung mit den abgeleiteten Regeln der Affektlogik, die emotionale, verständnisvolle Begleitung über einen längeren Zeitraum intensiv gewährleistet sein. In Anlehnung an das Soteria-Konzept müsste daher eine pädagogische Bezugsperson dem Stotternden im Alltag behilflich sein, die neuen „Wege" innerhalb der FDV-Programme weiterhin begleitet zu gehen, diese auszubauen und bei Bedarf - falls ein kognitiver Inhalt in der gefürchteten Situation wieder Angst auslösen sollte - die Muster im besagten Prinzip zu modifizieren und zu verstärken. Ein persönlicher Coach für stotternde Erwachsene könnte helfen, die Ergebnisse des Camps langfristig zu vertiefen und beizubehalten. Dieser Coach müsste für eine individuell abgestimmte wöchentliche Stundenzahl dem Betroffenen zur Verfügung stehen – für Gespräche, begleitende „in-vivo-Erfahrungen" und die Umsetzung der parallellaufenden Sprachtherapie. Die Stundenzahl könnte nach und nach reduziert werden, bis nur noch sporadische Hilfe nötig ist. Meines Erachtens wäre so das mühselige Erlernen und Stabilisieren neuer FDV-Muster möglich.

Zugegebenermaßen wäre die Finanzierung eines Stotter-Coaches eines der größten Hindernisse für die Umsetzung eines solchen Projekts, zumal die Teilnehmer des Stotter-Camps aufgrund der hohen Zahl an Therapiestunden nach dem Camp für eine längere Zeit keine Sprachtherapie von der Krankenkasse verschrieben bekommen. Das ist nicht nur aus affektlogischer Sicht kontraproduktiv. Das Zurückfallen in alte stabile Muster aufgrund der enormen Macht der Affekte, kann dann immer häufiger und plötzlicher auftreten (Schmetterlingseffekt) und somit neue, noch labile Verhaltensmuster gefährden. Meines Erachtens wäre eine Weiterführung des Stottercamps und ein pädagogisch geleitetes Coaching aus der Perspektive der fraktalen Affektlogik á la Soteria eine bestmögliche Lösung, nachhaltig die sozial-kommunikativen Fähigkeiten zu optimieren (vgl. www.soteria-netzwerk.de; Ciompi 2005, 302; Ciompi 2004, 35).

# 5. Fazit

Die Erkenntnisse der fraktalen Affektlogik fassen die bisherigen Forschungsergebnisse auf dem Gebiet der Emotionen für den vorliegenden Themenbereich zusammen und schaffen ein komplexitätsreduzierendes Modell, dass in der Lage ist, heterogene psychische Prozesse anhand der Gesetzmäßigkeit von selbstähnlichen affektiven Stimmungen zu erklären. Vor allem in der pädagogischen und therapeutischen Praxis erscheinen die grundsätzlichen Annahmen der Theorie als hilfreich. Dass gerichtete Affektenergien mit ihren Operatorwirkungen alles Denken und Verhalten regulieren, hat für alle kommunikativen Situationen eine häufig biographisch pägende praktische Konsequenz. Denn erstens ist Kommunikation selbst in der sachlichsten Absicht immer affektiv gefärbt. Daher ist der emotionale Grundton mindestens eben so bedeutend wie ihr Sachverhalt. Wenn sich der Therapeut auf die affektive Eigenwelt des Patienten einlässt und diese nachvollziehen lernt, hat letzterer die Chance, sich emotional führen zu lassen und gemeinsam an einer Veränderung der eingeprägten FDV-Muster, die ein belastendes Verhalten auslösen, zu arbeiten.

Zweitens finden sich Affekte nicht nur im Kopf wieder, sondern steuern von dort aus den ganzen Körper. Aus diesem Grund tragen auch die auch von Ciompi erwähnten gemeinsame körperliche Aktivitäten zu einer wirkungsvollen therapeutischen Kommunikation bei.

Drittens ist das emotionale Milieu wegen des starken Spannungspegels in der Reduzierung für die Rückbildung fehlgeleiteter FDV-Muster enorm wichtig und müssen in sinnvoller Therapie für alle Beteiligten positiv belegt werden.

Alle diese drei Aspekte finden ihre erfolgreiche Anwendung sowohl im Stotter-Camp der Leibniz-Universität-Hannover als auch in Ciompis Soteria.

Unter ungünstigen Umständen besteht in der Zeit nach der Intensivtherapie jedoch eine gewisse Gefahr, in alte Fühl-, Denk- und Verhaltensmuster zurückzufallen und diese schlimmstenfalls noch zu verstärken. Da eine weiterführende persönliche Betreuung als Festigung und Weiterführung der im

Camp erzielten Fortschritte bislang aus finanziellen und organisatorischen Gründen selten realisiert worden ist, jedoch sowohl aus affektlogischer, als auch aus ökonomischer Sicht, dringend zu empfehlen wäre, wäre die Einrichtung eines individuellen Coaches für stotternde Menschen die therapeutisch sinnvollste Maßnahme.

Selbstverständlich würden recht hohe Kosten damit einhergehen. Allerdings erschließt sich mir nicht unbedingt, warum eine Finanzierung für recht langfristige, punktuelle Therapien möglich ist, die langsame Progression in Aussicht stellen, eine intensivere Betreuung durch anhaltenden Effekt aber vielleicht nicht viel kostspieliger wäre.

Mit weiteren intensivierten noch stärker fraktal-affektlogisch orientierten Fallstudien (eine positive Langzeitstudie der Leibniz Universität Hannover ist bereits in Arbeit), die den Erfolg dieses Ansatzes nachweisen, könnte ein Umdenken der Geldgeber motiviert werden, doch etwas mehr Finanzierung in kurzfristigere aber langanhaltende Therapieansätze zu investieren.


Darüber hinaus gibt es zwar bereits sprachtherapeutische Praxen, die mit der Universität Hannover kooperieren, aber der Aufbau eines komplexen Netzwerkes wäre indessen sinnvoll. Eine organisatorische und inhaltlich auf die integrative Stottertherapie abgestimmte Verknüpfung möglichst vieler Sprachpraxen, Therapiezentren und freiberuflichen Therapeuten wäre eine potentielle Lösung für eine Betreuung, die so lange dauern kann wie nötig.


Aus begrenzter eigener Erfahrung mit stotternden Erwachsenen habe ich jedenfalls bereits in den Anfängen mit dem hier dargestellten Ansatz vielversprechende Erfahrungen machen können.

## 5.1 Ausblick

Meines Erachtens lässt sich die spannende Auseinandersetzung mit der fraktalen Affektlogik ohne weiteres auf das pädagogische Feld der Schule übertragen. Bezogen auf meinen zukünftigen beruflichen Wirkungskreis im sonderpädagogischen Lehramt werde ich unter Anderem Schüler mit einem sonderpädagogischen Förderbedarf im Schwerpunkt Emotionale und soziale Entwicklung unterrichten. Diese haben oft in ihrem Umfeld langjährige Erfahrungen mit heftigen affektiven Spannungen der Wut, Trauer oder Angst hinter sich. Da aber unter solchen belastenden Umständen - aufgrund der aufmerksamkeitsfokussierenden Affektwirkungen - ihre eigenen Begabungen und Interessen affektlogisch gesehen gar nicht an die Oberfläche kommen, sowie schulische Inhalte schwer aufgenommen werden, brauchen sie ein individuelles emotionales Milieu, dass ihnen hilft, wieder neue Informationen aufzunehmen (aufnehmen zu wollen), sowie einige eingeprägte Fühl-, Denk- und Verhaltensmuster, durch eine Umstimmung bedeutsamer Kontrollparameter, zu verändern. Es gilt herauszufinden, welche Parameter neben der emotionalen Spannung beim individuellen Schüler eine Rolle spielen. Außerdem müsste ein Konzept erstellt werden, das sich in den Schulalltag integrieren und unter den institutionellen Vorgaben der Schule realisieren lässt.

Die integrativen Therapieansätze in Verbindung mit der komplexen Theorie der fraktalen Affektlogik bieten zwar ein sehr umfangreiches Konzept an, erscheinen mir aber so inhärent stimmig, dass ich mich auf die Entwicklung einer praktikablen Umsetzung freue.

In Analogie zum eingangs erwähnten Zitat frei nach Abraham Lincoln muss die vermittelte intrinsische Grundhaltung jenseits von negativ stimmenden Affekten dann sein:

> „Lieber sprechen, als wie ein Narr schweigen"

# 6. Literaturverzeichnis

**Benecken, J.** (2004): Zur Psychopathologie des Stotterns. In: Praxis der Kinderpsychologie und Kinderpsychiatrie. Göttingen: Vandenhoeck & Ruprecht Verlag

**Bindel, R.** (1987): Stottern als dialogische Fehlentwicklung. Göttingen: Hogrefe Verlag GmbH

**Bindel, R.** (1996): Stottern beim Vorschulkind. Funktionale Theorie und Therapie des Stotterns. In: Sprache – Stimme – Gehör. Stuttgart: Thieme Verlag

**Bitsch K.** (2007): Stottern im Kindesalter. Die Kasseler Stottertherapie-Evaluation einer computergestützten Biofeedbackmethode. Philosophische Fakultät III der Julius-Maximilians-Universität Würzburg. Unveröffentlichte Magister-Arbeit. Internetquelle:.kasseler-stottertherapie.de%2Fwp-content%2Fuploads%2F2013%2F09%2FKST_Bitsch_Stottern_im_Kindesalter.pdf&ei=FXxzU709xvXIA5uwgdAH&usg=AFQjCNGt-DV98f6yN7ULTWMfP8aAo1-rkQ. Sichtbeleg: 12.03.2014, 19:23 Uhr

**Bloodstein, O.** (1995): A Handbook on Stuttering. 5. Auflage, Chicago: National Easter Seal Society

**Bosshardt, H-G.** (2008): Stottern. Fortschritte der Psychotherapie. Göttingen: Hogrefe Verlag GmbH & Ko KG

**Braun, O.** (1999): Sprachstörungen bei Kindern und Jugendlichen. Diagnostik, Therapie, Förderung. Stuttgart: W. Kohlhammer

**Bräutigam, W. und Paul, C.** (1974): Psychosomatische Medizin. Ein kurzgefaßtes Lehrbuch für Studenten und Ärzte. Stuttgart: Thieme

**Ciompi, L.** (2001): Affektlogik, affektive Kommunikation und Pädagogik. In: Unterwegener, E. & Zimprich, V. (Hrsg.): Braucht die Schule Psychotherapie? Wien: Orac

Ciompi, L. (2004): Ein blinder Fleck bei Niklas Luhmann? Soziale Wirkungen von Emotionen aus Sicht der fraktalen Affektlogik. In: für Soziologische Theorie, Jg. 10, Heft 1. Stuttgart: Lucius & Lucius

Ciompi, L. (2005, 3. Aufl.): Die emotionalen Grundlagen des Denkens. Entwurf einer fraktalen Affektlogik. Göttingen: Vandenhoeck & Ruprecht

Ciompi, L. (2007, 2. Aufl.): Gefühle, Affekte, Affektlogik. In: Ehalt, H. (Hrsg.): Wiener Vorlesungen im Rathaus, Band 89. Wien: Picus

Damasio, A. R. (1994): Descartes' Error and the Future of Human Life. In: Scientific American. 144-149

Etienne, A. S. (1998): Entwicklung und Evolution in der Lehre von Jean Piaget. In: Wimmer, M. (Hrsg.): Freud – Biaget – Lorenz: von den biologischen Grundlagen des Denkens und Fühlens. Wien: WUV-Univ.-Verlag. 82-116

Fiedler, P. (1993): Wege zu einer integrativen Theorie und Behandlung des Stotterns. In: Johannsen, S. & Springer, L. (Hrsg.): Stottern. Ulm: Verlag Phoniatrische Ambulanz

Frank, G. (2011): Erlebniswissenschaft: über die Kunst Menschen zu begeistern. Berlin: Lit Verlag

Grice, H.P. (1975): Logic and Conversation. In: Cole P. and Morgan J. (Hrsg.): Syntax and Semantics 3: Speech Acts. New York: Academic Press. 41-58

Hannaford, H. (2001, 4. Aufl.): Bewegung – Das Tor zum Lernen. Kirchzarten: VAK Verlag

Hansen, B. und Iven, C. (2004): Stottern bei Kindern: ein Ratgeber für Eltern und pädagogische Berufe. Idstein: Schulz-Kirchner

Heisel, L.; Beckers, A. & Schmidt, B. (1993): Gedankliche Wahrnehmungen stotternder Erwachsener während Blockierungen des Redeflusses. In: Johannsen, S. & Springer, L. (Hrsg.): Stottern. Ulm: Verlag Phoniatrische Ambulanz

**Hoepfner, H. (2003):** Der Text als gerichtetes Chaos. Einblicke in Textentstehung und ihre Umsetzung bei der Vermittlung von Textgestaltungskompetenz. Münster: LIT Verlag

**Höger, R.** (1992): Chaos-Forschung und ihre Perspektiven für die Psychologie. In: Petermann, F. (Hrsg.): Psychologische Rundschau, Band 43. Göttingen: Hogrefe Verlag

**Hüther, G.** (2014). Biologie der Angst. Wie aus Stress Gefühle werden. Göttingen: Vandenhoek & Ruprecht

**Iven, C.** (2009): Sprache in der Sozialpädagogik. Troisdorf: Bildungsverlag EINS

**Jaffe, J., Anderson, S., & Stern, D.** (1979). Conversational rhythms. In: Aronson D. und Reiber R. (Hrsg.): Psycholinergic research. New York: Erlbaum

**Johannsen, H.** (2001): Stottern bei Kindern. In: Grohnfeldt, M. (Hrsg.): Lehrbuch der Sprachheilpädagogik und Logopädie. Stuttgart: Kohlhammer GmbH

**Johnson, J. K.** (2008): The Visualization of the Twisted Tongue: Portrayals of Stuttering in Film, Television, and Comic Books. In: The Journal of Popular Culture, Vol. 41, No. 2, 2008, 245-261

**Katz-Bernstein, N. & Subullok, K.** (2002): Gruppentherapie mit stotternden Kindern und Jugendlichen. München: Ernst Reinhardt, GmbH & Co KG, Verlag

**Lorenz, A. S.** (2008): Sprachheil-pädagogisch-therapeutische Behandlungsansätze bei kindlichem Stottern. München: Grin

**Lüdtke, U. M.** (2006) Sprache und Emotion. Neurowissenschaftliche und linguistische Zusammenhänge. In: Bahr, Reiner und Claudia Iven (Hrsg): Sprache – Emotion – Bewusstsein. Idstein: Schulz-Kirchner. 17-26

**Machleidt W., Gutjahr L. und Muegge A.** (1989): Grundgefühle. Phänomenologie, Psychodynamik, EEG Spektralanalytik. Berlin: Springer

**Miosga, C.** (2010): Summer learning - Gemeinsam lernen im „Sommercamp für stotternde Jugendliche und junge Erwachsene" - Begleitet
durch die Leibniz Universität Hannover. In: Forum Sprache, 1/2010.
10-20

**Miosga, C.** (2012): Die Vielfalt des Sprechens - Mit- und voneinander lernen im „Sommercamp für stotternde Jugendliche und junge Erwachsene". In: LOGOS interdisziplinär 20,2, 108 – 115

**Nakao, H.** (1979): Emotional behavior and the brain. In: Psychotherapy and
Psychosomatics. 1979;31(1-4).156-60

**Ochsenkühn, C., Thiel, M. und Ewerbeck, C.** (2010, 2. Aufl.): Stottern bei
Kindern und Jugendlichen. In: Thiel, M. & Ewerbeck, C. (Hrsg.): Logopädie Praxiswissen. Heidelberg: Springer Verlag GmbH

**Rapp, M.** (2005): Protokoll einer Unterbrechung. In: taz, die Tageszeitung.
Berlin: Henke Pressedruck

**Regenbogen, A. & Meyer, U.** (Hrsg., 2005): Wörterbuch der philosophischen Begriffe. Hamburg: Felix Meiner

**Romonath, R.** (2012): Beeinträchtigung der Sprache. Klassifikation. . In:
Jantzen, W. (Hrsg.), Behinderung, Bildung, Partizipation. Enzyklopädi-
sches Handbuch der Behindertenpädagogik. Band 8. Sprache und
Kommunikation. Stuttgart: Kohlhammer. 321-330

**Rösler, F.** (2011): Psychophysiologie der Kognition: Eine Einführung in die
kognitive Neurowissenschaft. Heidelberg: Springe

**Sandrieser, P. & Schneider, P.** (2004): Stottern im Kindesalter. In: Springer, L. & Schrey-Dern, D. (Hrsg.): Forum Logopädie. Stuttgart: Georg
Thieme Verlag

**Schiepek, G. & Strunk, G.** (1994): Dynamische Systeme – Grundlagen
und Analysemethoden für Psychologen und Psychiater. Heidelberg:
Asanger

**Schiepek, G., Folger, I., Ciompi, L. und Westtmeyer, H.** (1999): Die
Grundlagen der Systemischen Therapie. Theorie - Praxis – Forschung.
Göttingen: Vandenhoeck & Ruprecht

**Schiepek, G.** (2006): Die neuronale Selbstorganisation von Persönlichkeit und Identität. Psychotherapie. Jahrg. 2006, Bd. 11, Heft 2. 192-201

**Schneider, P. und Hartmut Zückner** (2010): AAUS - Aachener Analyse unflüssigen Sprechens. Neuss: Natke

**Schulz von Thun, F.** (1981): Miteinander reden 1 – Störungen und Klärungen. Allgemeine Psychologie der Kommunikation. Hamburg: Rowohlt

**Schulz von Thun, F.** (1989): Miteinander reden 2 – Stile, Werte und Persönlichkeitsentwicklung. Differentielle Psychologie der Kommunikation. Hamburg: Rowohlt

**Schulze, H. und Johannsen, H.** (1986): Stottern bei Kindern im Vorschulalter. Theorie, Diagnostik, Therapie. Ulm: Phoniatrische Ambulanz der Universität Ulm

**Schwitallla, J.** (2001) Gesprochene-Sprache-Forschung und ihre Entwicklung zu einer Gesprächsanalyse. In: Brinker, K., Antos G., Heinemann W. und Sager, S. (Hrsg.): Text- und Gesprächslinguistik. 2. Halbband. Berlin: de Gruyter. 896-903

**Sheehan, J. G.** (1978): Botschaft an einen Stotterer. In: Hood, S. B. (Hrsg.): An einen Stotterer. Düsseldorf: Bundesvereinigung Stotterer-Selbsthilfe e.V

**Spitzer, M.** (2005): Wie funktioniert das Gehirn? Auf dem Weg zu einer neuen Lernwissenschaft. Stuttgart: Schattauer

**Subellok, K. & Katz-Bernstein, N.** (2012). Beeinträchtigungen der Sprachpartizipation: Psychoreaktive Redestörungen. In: Jantzen, W. (Hrsg.), Behinderung, Bildung, Partizipation. Enzyklopädisches Handbuch der Behindertenpädagogik. Band 8. Sprache und Kommunikation. Stuttgart: Kohlhammer, 338-347

**Vetter, N. R.**(2010): Emotion zwischen Affekt und Kognition. Zur emotionalen Dimension in der Kunstpädagogik. Köln: Kölner Wissenschaftsverlag

**Wendlandt, W.** (2009): Stottern Im Erwachsenenalter: Grundlagenwissen und Handlungshilfen für Therapie und Selbsthilfe. Stuttgart: Thieme

**Woolf, J.** (2011): The Mystery of Lewis Carroll: Discovering the Whimsical, Thoughtful, and Sometimes Lonely Man Who Created "Alice in Wonderland". London: Palgrave Macmillan

**Zang, J.** (2010): Diagnostik in der Stottertherapie. Verfahren zur Erfassung und Beschreibung quantitativer, qualitativer und pyschosozialer Symptomatik. In: Forum Logopädie, Heft 2 (24) März 2010. 6-11


## Internetquellen, Bildmaterial

- Ciompi, Luc: Gefühle machen Geschichte. DVD. Vortrag, gehalten bei der 12. Wissenschaftlichen Tagung der DGSF "Dialog der Kulturen - Kultur des Dialogs", vom 03. - 06. Oktober 2012 in Freiburg

- http://eaps4.mit.edu/research/Lorenz/Butterfly_1972.pdf, Sichtbeleg: 17.03.2014, 08:12 Uhr

- http://homepages-fb.thm.de/boergens/marken/04_01/bild03_marke04_01.png, Sichtbeleg: 09.05.2014, 23:45 Uhr

- http://stutteringiscool.com, Sichtbeleg: 03.02.2014, 16:32 Uhr.

- http://tv.orf.at/groups/magazin/pool/newtonmandelbrot231010, Sichtbeleg: 10.05.2014, 22:18 Uhr

- http://www.bvss.de, Sichtbeleg: 16.02.2014, 19:43 Uhr.

- http://www.dimdi.de/static/de/klassi/icf/, Sichtbeleg: 12.01.2014, 10:15 Uhr.

- http://www.jugend-infoseite-stottern.de/stottern, Sichtbeleg: 22.04.2014, 22:07 Uhr.

- http://www.slantmagazine.com/house/2013/05/jurassic-park-as-a-means-of-discussing-fractals-chaos-theory-and-scary-movies, Sichtbeleg: 14.03.2014, 09:42 Uhr

- http://www.soteria-netzwerk.de,http://www.soteria-netzwerk.de/Dokumente/soteria_10j_keb_1auflage.pdf , Sichtbeleg: 02.03.2014, 13:48 Uhr.

- http://www.stefre.de/html/chaostheorie.html#Attraktoren_Bifurkationen , Sichtbeleg: 12.01.2014, 10:15 Uhr.

- http://www.youtube.com/watch?v=GNLHTY9CeHw: Interview mit Ciompi über Soteria, Sichtbeleg: 28.01.2014, 23:12 Uhr.
- http://www.youtube.com/watch?v=qqRiZWGwk-A, Sichtbeleg: 08.05.2014, 19:32 Uhr
- www.stottern-bw.de/?Stotterwitze:Witze_aus_der_Stotterer-Selbsthilfe, Sichtbeleg: 03.05.2014, 14:56 Uhr.

*ibidem*-Verlag

Melchiorstr. 15

D-70439 Stuttgart

info@ibidem-verlag.de

www.ibidem-verlag.de
www.ibidem.eu
www.edition-noema.de
www.autorenbetreuung.de